**»Gott, ich danke dir dafür,
dass ich wunderbar gemacht bin!«**

Psalm 139,14

Dieses **KinderKirchenBuch** gehört:

....

Ich bin schon .... Jahre alt!

Das ist ein Foto von mir:

Foto einkleben

Mein **KinderKirchenBuch** wurde mir geschenkt von:

....

....

....

Katrin Rouwen (Hg.)

Mein Kinder Kirchen Buch

Kinder entdecken ihren Glauben

Mit Illustrationen von
Marie Braner

Inhalt

Liebe Leserinnen und Leser, liebe Eltern,

Lina ist vier Jahre alt. Neugierig stellt sie Fragen zu allen (un-)möglichen Themen ... Wie können Erwachsene eigentlich so antworten, dass sie mit ihrem Kind gut ins Gespräch kommen? Und wie kann man den christlichen Glauben mit einem vierjährigen Kind ganz praktisch leben?

»Mein KinderKirchenBuch« ist ein Buch, das zum gemeinsamen Entdecken des christlichen Glaubens einlädt. Es gibt Ihnen Ideen und Tipps an die Hand, wie Sie die Advents- oder Osterzeit, Gutenacht-Rituale oder eine kleine »Hallo-Gott-Runde« u.v.m. gestalten können. Sie finden eine Auswahl biblischer Geschichten zum Vorlesen bzw. Anhören per QR-Code und können das Buch von Ihrem Kind ganz individuell gestalten lassen.

Mit dem Anfangskapitel »Kinder stellen große Fragen« bekommen Sie verschiedene Anregungen: Probieren Sie doch einmal aus, was passiert, wenn Sie, anstatt auf Kinderfragen direkt zu antworten, erst einmal Rückfragen stellen. Sie werden gewiss staunen, was Ihr Kind alles zu einem Thema zu sagen hat ... :-)

Ich wünsche Ihnen erfüllende Gespräche und behütete (Vorlese-)Zeiten!

Ihre
Katrin Rouwen

Kinder stellen große Fragen

»Wie sieht Gott aus?«
»Wieso bin ich so, wie ich bin?«
»Was kommt nach dem Tod?«

Auf diese Fragen gibt es keine schnellen oder einzig richtigen Antworten. Kinder stellen fast täglich solch »große« und viele »kleinere Fragen«. Sie fragen uns sprichwörtlich »Löcher in den Bauch«. Oftmals haben wir selbst keine Antworten darauf. Wie reagieren wir dann angemessen?

Ich lege Ihnen hier die einfache Methode »Theologisieren mit Kindern« ans Herz, mit deren Hilfe oft wunderbare Gespräche entstehen. Die Kinder können dadurch selbst zu Wort kommen, ihre eigene Glaubenserfahrung und Gottesvorstellung, ihre Gedanken und Fragen äußern. Diese Gespräche erweitern nicht nur den Glaubenshorizont der Kinder, sondern auch unseren eigenen.
    Dabei geht es darum, dem Kind nicht einfach eine »fertige, sachliche Antwort« zu geben, sondern beispielsweise eine Gegenfrage zu stellen und zu hören, was es bereits über das Thema denkt. Durch diese Rückfragen (zum Beispiel »Was denkst denn du darüber?«) wird das Kind zu eigenem Nachdenken über Gott und die Welt angeregt. Es lernt dabei, eine eigene Meinung zu vertreten. Dieses gemeinsame Suchen nach Antworten geht von der Erkenntnis aus, dass Kinder nicht einfach unterentwickelte Erwachsene sind, sondern dass sie von Anfang an als eigenständig denkende Menschen ernstgenommen werden wollen. Der Religions-

pädagoge Friedrich Schweitzer hat die zahllosen Fragen, die im Aufwachsen von Kindern eine Rolle spielen, in fünf zentrale »große« Fragen zusammengefasst:

1. Wer bin ich und wer darf ich sein? – Die Frage nach mir selbst.
2. Warum musst du sterben? – Die Frage nach dem Sinn von Leben und Tod.
3. Wo finde ich Schutz und Geborgenheit? – Die Frage nach Gott und den Menschen, die ich brauche.
4. Warum soll ich gerecht handeln? – Die Frage nach dem Grund ethischen Handelns.
5. Warum glauben manche Kinder an Allah? - Die Frage nach der Religion der anderen.

Diese Fragen sind Versuche, in unserer Lebenswelt einen Sinn zu finden. Wir als Gesprächspartner*innen und Begleiter*innen können beim »Theologisieren mit Kindern« die nachdenklichen Gespräche fördern. Dazu helfen bestimmte Gesprächsregeln, Methoden der Gesprächsführung und eine positive, offene Gesprächsatmosphäre.

Tipps zum Theologisieren mit Kindern

- Es ist wichtig, *offene Fragen* zu stellen, also solche, die man nicht eindeutig mit »ja/nein« beantworten kann.
  Ein Beispiel: Vielleicht kennen Sie die Geschichte von der Arche Noah, in der von jeder Tierart ein Paar gerettet wird.
  - *Negativ-Beispiel: »Ist die Arche ein großes Schiff?«* – *Hier kann das Kind eigentlich nur mit »Ja« antworten und schon ist das Gespräch zu Ende.*

- *Positiv-Beispiel: »Warum ist es wichtig, dass von jeder Tierart zwei Tiere mitfahren?« – Hier kann das Kind seine Meinung und sein Vorwissen einbringen oder seine Theorie dazu überlegen und äußern.*

- Es können *Rückfragen* gestellt werden, die eigene Überlegungen anregen und das Begründen fordern:
  - *»Was hast du für eine Antwort?«*
  - *»Was ist dir an ... wichtig?«*
  - *»Warum meinst du, dass ...?«*

- Wir als Erwachsene *nehmen* dabei die *Kinderaussagen ernst und lassen sie ausreden.* Dabei sind manche Antworten und Fragen der Kinder *für uns Erwachsene überraschend* und außergewöhnlich und laden zum Austausch ein.

- Wir *müssen keine perfekten Antworten geben.* Stattdessen dürfen wir uns mit den Kindern gemeinsam auf die Suche machen und auch zugeben, dass wir etwas nicht wissen.

- Auf Augenhöhe mit den Kindern können auch wir Erwachsene davon *erzählen, was wir selbst glauben.*

- Wenn nicht sofort eine Antwort kommt, ist es auch gut, die *Stille auszuhalten* und kurz auf eine Reaktion zu warten.

- Falls das Kind keine Frage stellt, man aber dennoch das Theologisieren einmal ausprobieren möchte, kann man nach dem Vorlesen einer Geschichte folgende Anfangsfrage stellen: *»Was ist dir in dieser Erzählung am wichtigsten?«*

Viel Freude mit den Fragen der Kinder! Es gibt gemeinsam viel zu entdecken!

Lina und Kurosh

Als Lina an diesem Sonntag in die Kirche kommt, ist da ein Junge, den sie kennt. Er heißt Kurosh und geht seit ein paar Wochen in ihre Kindergartengruppe. Er ist ein bisschen kleiner als sie, hat schwarze Haare und braune Augen und spricht mit seinen Eltern in einer Sprache, die Lina nicht versteht.

»Was machst du denn hier?«, fragt Lina ihn am Eingang. Kurosh antwortet nicht. Er hüpft von einem Bein auf das andere und wirkt irgendwie aufgeregt. »Gehst du nicht in ...«, sucht Lina nach dem richtigen Wort. Dann fällt es ihr ein: »Gehst du nicht in die Moschee? So wie Orhan und Aische?« Letzte Woche hatte die Kindergartengruppe nämlich die Moschee besucht und die Erzieherin hatte ihnen erklärt, dass das so etwas wie eine Kirche ist, wo ihre muslimischen Freunde hingehen. Aber Kurosh sieht sie nur mit großen Augen an, lächelt und rennt nach vorne. Dort steht seine Mama und ruft nach ihm.

Als der Gottesdienst beginnt, sagt die Pfarrerin, dass heute ein Kind getauft werden soll. Lina reckt den Hals und hält nach einem Baby Ausschau.

Aber heute wird kein Baby getauft, sondern: Kurosh!

Lina rückt nah an Papa heran und stupst ihn in die Seite: »Du, Papa, warum wird Kurosh denn getauft? Geht er nicht in die Moschee? Und ein Baby ist er auch nicht mehr!« Papa beugt sich zu ihr und flüstert, dass er ihr alles nach dem Gottesdienst erklärt.

Aber da hört Lina schon die Pfarrerin sagen: »Kuroshs Familie ist aus dem Iran hierhergekommen. Sie sind alle Christen, nur Kurosh konnte noch nicht getauft werden. Das wollen wir heute nachholen und freuen uns darüber, dass Gottes Familie so groß ist und Menschen aus der ganzen Welt dazugehören!«

Jetzt wird es ganz still und die Pfarrerin sagt: »Kurosh, ich taufe dich im Namen des Vaters und des Sohnes und des Heiligen Geistes. Amen.« Dabei gießt sie ihm dreimal Wasser über den Kopf. Danach trocknet seine Mama ihm die Haare ab. Als die Pfarrerin ihn segnet, läuft noch ein Tropfen Wasser über seine Wange und Kurosh lacht.

Dann sagt sie: »Kurosh, du kannst dich wirklich freuen! Mit deinen vier Jahren wirst du dich immer an deine Taufe erinnern.« »Das stimmt«, denkt Lina.

Nach dem Gottesdienst gibt es, wie immer, Kirchenkaffee. Lina und Papa gratulieren Kurosh zu seiner Taufe. »Dann gehst du wohl doch nicht in die Moschee?«, fragt Lina. »Nee«, antwortet Kurosh. »Wir gehen Kirche!« »Wir auch!«, sagt Lina und dann sausen sie zusammen in die Spielecke.

»So war meine Taufe« –
Hier kannst du Bilder deiner Taufe einkleben ...

Lina und ihr Kuscheltier

Lina sitzt in der Kirchenbank und baumelt mit den Füßen. Neben ihr sitzt Thies, ihr Schaf. Natürlich ist Thies kein echtes Schaf. Aber er ist trotzdem Linas liebster Freund. »Ihr kennt euch ja auch schon seit deiner Geburt«, sagt Papa immer und erzählt dann, wie Onkel Benny Thies damals mitgebracht hat. Seitdem ist Thies immer da, wo Lina ist. Auch in der Kirche.

Heute ist der Familiengottesdienst sehr spannend, besonders für Thies. Denn die Pfarrerin erzählt eine Geschichte von einem Schaf, das einmal verloren gegangen ist. Das Ganze ist ziemlich aufregend. Lina drückt Thies fest an sich, bis am Ende das Schaf wiedergefunden wird. Erleichtert seufzt sie und denkt: »Wie gut, dass Thies bei mir sicher ist!«

Beim Einscannen dieses QR-Codes wird Ihnen die Geschichte vorgelesen.

Nach dem Gottesdienst ist wieder Kirchenkaffee. Während Papa sich mit den anderen Eltern unterhält, sausen Lina, Kurosh und Marie in der Kirche herum. Dann bauen sie einen Turm aus Bauklötzen. Lina braucht beide Hände und legt Thies auf den Tisch, auf dem die Kekse stehen. Am Ende ist der Turm höher als Marie und die ist einen Kopf größer als Lina!

Die Erwachsenen bewundern den Turm. Lina will ihn auch Thies zeigen und erschrickt: »Mein Schaf ist weg! Wie in der Geschichte im Gottesdienst ... Thies!«, ruft sie laut und mit solcher Verzweiflung in der Stimme, dass alle gleich begreifen, was passiert ist. Sie suchen Thies mit vereinten Kräften – auf allen Tischen und Bänken, unter den Stühlen und in dem kleinen Räumchen nebenan. »Thiiiies!«

Thies ist nirgendwo zu finden. Lina beginnt zu weinen. Dicke Tränen rollen über ihr Gesicht. Sie kann unmöglich ohne Thies nach Hause gehen!

Da kommt plötzlich ein alter Mann auf sie zu. Lina hat ihn
schon einmal beim Kirchenkaffee gesehen, wo er immer
mithilft. Sie kennt ihn aber nicht richtig. Was er wohl will?
»Vermisst hier jemand ein Schaf?«, fragt er und hält Thies
in die Höhe. Lina stürzt auf ihn zu und nimmt Thies überglücklich in die Arme.

»Da bist du ja, Thiesilein!«, schluchzt sie und drückt Thies fest an sich. Der alte Mann sagt entschuldigend: »Irgendjemand hat ihn zusammen mit den Keksen in die Küche gebracht. Ich habe mir gleich gedacht, dass er vermisst wird!«

»Und wie!« Linas Papa sieht erleichtert aus. »Ohne Thies wären wir heute nicht aus der Kirche gegangen! Danke fürs Suchen und Finden!« »Ach, kein Problem«, sagt der alte Mann freundlich. »Ich helfe gerne. Wir sind doch für unsere Schäfchen da, wenn sie Hilfe brauchen!«

»Wie wäre es noch mit einem Keks für Hirtin und Schaf?«, fragt er. Lina und Thies nicken heftig.

»Das ist Thies. Wo hat er sich diesmal versteckt?« –
Male das Bild weiter ...

Lina und der Müll

Die großen Glocken der Kirche läuten. Papa bringt Lina heute zum Kindergottesdienst. Sie gehen gerade den Kirchweg entlang, als Lina am Wegrand zwei leere Limoflaschen, Kaugummipapier und eine alte Chipstüte entdeckt. »Iiih, Papa, das sieht aber nicht schön aus! Wieso liegt denn hier alles voller Müll?« Auch Papa findet das nicht gut: »Das sind sogar Pfandflaschen! Für die bekommt man noch Geld, wenn man sie im Laden abgibt.« »Dann nehmen wir sie mit. Und den Müll werfe ich da vorne an der Bushaltestelle in den Mülleimer.« Papa steckt die Flaschen in seine Umhängetasche. Dann gehen sie weiter zur Kirche.

Papa setzt sich neben die anderen Eltern in die Kirchenbank. Lina darf sich zu Kurosh und Marie auf die Kissen am
Boden setzen. Die beiden haben eine Birne und eine Kar-
toffel vor sich liegen und begrüßen Lina fröhlich. »Oh, nein!
Ich habe meinen Apfel zu Hause vergessen«, sagt Lina und
schaut suchend zu Papa. Doch da hören schon die Glocken
auf zu läuten und alle werden ganz still. Die Pfarrerin sagt:
»Wir sind da und Gott ist da. Dazu sagen wir alle ganz laut:
Amen.« »Amen!«, rufen die Kinder zurück. Dann singen sie
ein Lied: »Die Kerze brennt, ein kleines Licht« – diesmal darf
Kurosh dabei die Kerze in der Kreismitte anzünden.

Nun ist Lina ganz aufgeregt, denn sie weiß, was jetzt kommt: Die Pfarrerin nimmt eine Schale mit Steinen und reicht sie herum. Jedes Kind darf sich einen Stein nehmen und dazu etwas erzählen, was es nicht gut findet oder worüber es traurig ist. Bisher hatte Lina noch nie etwas gesagt. Aber dieses Mal traut sie sich: »Ich habe vorhin ganz viel Müll am Wegrand gefunden. Den habe ich mit Papa eingesammelt. Ich finde das ganz blöd, dass Menschen ihre Sachen auf den Boden werfen! Und ich habe leider meinen Apfel zu Hause vergessen!« Papa lächelt ihr aufmunternd zu. Dann legt sie den Stein zu der Kerze in die Mitte.

Nach einer weiteren Runde, in der die Kinder von schönen Sachen berichten, erzählt die Pfarrerin eine Geschichte:

»Am Anfang schuf Gott Himmel und Erde. Er machte die Sonne und die Sterne, Pflanzen und Tiere. Und uns Menschen. Als Gott all das sah, was er geschaffen hatte, ruhte er sich aus. Und alles war sehr gut. Zu uns Menschen sagte Gott: ›Werdet viele, esst von allem und sorgt für die Pflanzen und Tiere.‹ Heute feiern wir das Erntedankfest. Wir danken Gott dafür, dass es uns gut geht und wir genug zum Leben haben. Für all das Getreide, was die Bauern auf ihren Feldern geerntet haben und aus dem jetzt unser Brot wird. Für das leckere Obst. Und für das, was wir durch die Tiere bekommen: Milch und Butter, Eier, Fleisch und Fell. So, und jetzt dürft ihr Kinder eure Sachen hier in die Mitte legen, die ihr mitgebracht habt. Wer mag, erzählt dabei, warum man dafür dankbar sein kann.«

Marie, Kurosh und die anderen Kinder legen ihr Obst und Gemüse in die Mitte. Lina denkt nach. Dann hat sie eine Idee! Schnell huscht sie zu Papa und holt aus der Umhängetasche eine leere Pfandflasche und stellt sie ebenfalls in die Mitte. Neugierig schauen alle Lina an. Kurosh, der jeden Tag neue Wörter lernt, hilft: »Lina dankt für Limo.« Lina nickt dankbar. »Und ich bin froh, dass es Menschen wie dich und deinen Papa gibt, die unsere Natur sauber halten«, antwortet die Pfarrerin. »Und dass es die Müllabfuhr gibt!«, ergänzt Marie. Auch den anderen Kindern fallen noch viele andere Dinge ein, für die sie dankbar sind. Die Pfarrerin freut sich über das Gespräch: »Genau, wir können für so vieles dankbar sein! Und damit es auch in vielen, vielen Jahren noch Äpfel, Brot, Limo und all die Tiere gibt, hat Gott uns dazu beauftragt, für unsere Umwelt zu sorgen. Danke, Lina, für deine tolle Idee!«

»Danke, Gott!« –
Male ein Bild, wofür du dankbar bist …

Biblische Geschichten

Am Anfang ...

Als noch gar nichts da war, keine Erde und kein Stern,
kein Licht und keine Zeit, war doch Gott da.
Und in einem gewaltigen, unvorstellbaren Geschehen gab
es – mit einem Knall –
Energie und Materie, Zeit und Raum, Wandel und Bewegung.
Sterne entstanden und vergingen,
neue Materie sammelte sich,
Sonnen und Planeten bildeten sich
– und auch unsere Erde.
Jahrmillionen dauerte es und waren für Gott doch nur
wie ein paar Tage.

Beim Einscannen dieses QR-Codes
wird Ihnen die Geschichte vorgelesen.

Und dann kam etwas Neues, hier auf unserer Erde
und sonst vielleicht nirgendwo:
Pflanzen begannen zu wachsen!
Erst mikroskopisch klein im Meer,
und mehr und mehr auch am Land,
größer und alles überwuchernd.
Und die Pflanzen bildeten Samen und Früchte, lecker und
gesund, und die ganze Erde war voller Nahrung.

Und auch Tiere entstanden im Meer und auf dem Land
und in den Lüften.
Sie lebten von Samen und Früchten, von Wasser und Son-
nenschein und waren Partner des Menschen.
Denn zuletzt entstand auch der Mensch,
Ebenbild Gottes und in besonderer Weise fähig zu Er-
kenntnis und Liebe.
Großartig. Die ganze Schöpfung auf unserer Erde.

Gott machte eine Pause. Ruhe nach getaner Arbeit.

Man sollte meinen, der Mensch sei zufrieden mit diesem
einmaligen Leben.
Reiche Ernte, jedes Jahr neu.
Immer wieder neu die Möglichkeit zum Feiern, zum Tei-
len, zum Leben.
Doch es ist nicht so.
Der Mensch wird maßlos, will mehr. Größer, weiter, gren-
zenlos ...
Er lässt sich gefangen nehmen von Wut und Neid und
nimmt das Leben wieder fort.
Schlimmes passiert: Kain erschlägt seinen Bruder Abel.
Kann Gott wütend sein? Zornig, ungehalten?
Kann Gott traurig sein? Kann er weinen?

Gott sieht seine Schöpfung und erschrickt:
Was ist geschehen?
Blut schreit zum Himmel. Bis heute.
Das Leben zerrinnt, wird zerstört.
Pflanzen und Tiere sterben aus.
Gift in der Luft und in den Erntegaben.
Da will Gott seine ganze Schöpfung vernichten.
Die Wasser der Sintflut bedecken die Erde.
Doch halt!
Es bleibt ein Kasten voller Hoffnung:
Eine Arche schwimmt auf dem Wasser.
Sie trägt das Leben noch in sich.
Tiere, von jedem ein Paar:
Ameisen und Giraffen, Katzen, Libellen, Zebras ...
Und Menschen.
Als das Wasser sich zurückzieht und die Arche auf festem
Land steht, öffnet sie sich und die Tiere springen heraus –
und auch Noah und seine Familie.
»Wir haben überlebt. Das Leben kann weitergehen.«

Und dann sehen sie ihn, den Regenbogen.
Und sie hören die Stimme Gottes, der zu ihnen spricht:
»Siehe, der Regenbogen ist mein großes Versprechen,
dass ich das Leben auf der Erde nicht mehr vernichten will.
Pflanzen werden weiterwachsen und euch Nahrung ge-
ben,
es soll nicht aufhören Saat und Ernte, Frost und Hitze,
Sommer und Winter, Tag und Nacht.

Auch wenn ich erkannt habe, dass der Mensch viel zu oft
den bösen Weg wählt, soll das Leben weitergehen und
unter meinem Schutz stehen. Daran soll euch der Regenbogen erinnern – und mich auch.«

Mirjams mutige Idee

Als Israel in Ägypten war …

Die Geschichte von Mirjam und ihrem kleinen Bruder Mose ereignete sich vor langer Zeit im Land Ägypten. Damals regierte dort der mächtige Pharao. Er hatte große Macht über das ganze Land. In Ägypten lebte zu dieser Zeit auch das Volk Israel. Aber der Pharao ärgerte sich über die fremden Menschen, die in seinem Land lebten. Er hatte Angst, dass es bald schon mehr Israeliten als Ägypter in seinem Land geben könnte. Darum zwang er das Volk Israel zu schwerer Arbeit von früh bis spät. Ziegel mussten sie aus Lehm und Ton machen und Häuser und Städte für den Pharao bauen.

Beim Einscannen dieses QR-Codes wird Ihnen die Geschichte vorgelesen.

37

Er machte die fremden Männer, Frauen und auch die Kinder zu seinen Sklaven. Das war so ungerecht! Doch trotz der schweren Arbeit wurde das Volk Israel immer größer. Darum dachte sich der Pharao einen furchtbaren Plan aus: Er befahl seinen Soldaten, alle neugeborenen Söhne der Israeliten zu töten. Das Volk Israel war über den grausamen Plan des Pharaos entsetzt, aber ändern konnte es nichts daran.

Wir müssen das Baby verstecken!

Auch die Familie des Israeliten Amram und seiner Frau Jochebed erwartete gerade ihr drittes Kind. Die Eltern freuten sich über die Geburt. Auch die beiden Geschwister bestaunten das Baby: »Juchhu, ich habe einen kleinen Bruder!«, rief Aaron, der Älteste. Aber seine Schwester Mirjam konnte sich nicht freuen, sie weinte vielmehr und schluchzte: »Ich möchte meinen kleinen Bruder behalten und beschützen! Doch wie kann das gehen? Die Soldaten des Pharaos werden kommen und ihn mitnehmen. Aber das lasse ich nicht zu! Mutter, Vater, Aaron! Kommt, wir suchen ein gutes Versteck für ihn! Niemand darf etwas von unserem kleinen Bruder wissen!«

Einige Wochen konnten sie das Baby im Haus verstecken, doch es entwickelte eine starke Stimme, sein Schreien war bald auch in den Nachbarshütten zu hören. »Wir müssen den Kleinen aus dem Haus bringen, hier können wir ihn nicht mehr verstecken!«, beschloss die Familie. Und so bastelte Jochebed aus Schilfgras einen Korb, verklebte ihn mit Pech und legte das Baby zur Probe hinein. »Wie eine Wiege«, sagte Mirjam. »Ich brauche deine Hilfe, Mirjam«, sagte ihre Mutter ernst. »Gleich morgen früh bringen wir deinen kleinen Bruder zum Fluss.« »Ja, ich komme mit. Ich will wissen,

was mit ihm passiert«, schluchzte Mirjam. »Aber ich will
stark und mutig sein, und ich werde zu Gott für seine Rettung beten.« »Dafür beten wir alle«, sagte ihre Mutter und
schloss sie in die Arme.

Mirjams mutige Idee

In der Morgendämmerung machten sich Mirjam und ihre
Mutter mit dem Baby im Korb auf den Weg zum Nil. Mit Tränen in den Augen und Angst im Herzen legten sie das Baby-
körbchen aufs Wasser. Es schwamm! Gemeinsam beteten
sie noch einmal zu Gott um Rettung für ihren kleinen Jungen. Dann drehte sich die Mutter um und ging nach Hause.
Doch Mirjam konnte sich noch nicht trennen.

Plötzlich hörte sie Schritte und versteckte sich im Schilf.
Einige vornehme, junge Frauen kamen zum Baden an den
Fluss. Eine von ihnen war sogar die Prinzessin, die Tochter des Pharaos! Das Baby auf dem Wasser begann nun zu
schreien. Da entdeckten die Frauen den kleinen Jungen in
seinem Schilfkörbchen. »Was für ein süßes Kind!«, rief die
Tochter des Pharaos, als sie ins Körbchen sah. »Holt es mir
aus dem Wasser, ich will es mit an den Königshof nehmen!«
»Das darfst du nicht! Siehe, es ist doch ein Junge von den
israelitischen Sklaven!«, rieten ihre Begleiterinnen. »Das
ist mir egal, hört doch, wie der Kleine schreit! Bestimmt hat
er Hunger. Doch wer nur soll das Kind stillen?« Vorsichtig
nahm sie den Jungen auf den Arm. Da wagte sich Mirjam
mutig aus ihrem Versteck, verneigte sich vor der Prinzessin und sagte mit fester Stimme: »Ich kenne eine Frau,
die das Kind stillen kann! Ich kann sie herbringen!« Die
Prinzessin strahlte: »Mach das und beeil dich! Der Kleine

hat großen Hunger!« Mirjam lief so schnell sie konnte nach Hause. »Mutter, es ist etwas Wunderbares geschehen! Mein kleiner Bruder wird leben! Komm schnell mit zum Fluss!« Auf dem Weg zum Nil erklärte Mirjam ihrer Mutter alles, was geschehen war. Überglücklich nahm Jochebed ihren Sohn in den Arm und stillte ihn am Ufer.

Mose bekommt zwei Familien...

Die Tochter des Pharaos hatte sich in der Zwischenzeit einen Namen ausgedacht: »Mose soll er heißen«, sagte sie. »Das bedeutet ›aus dem Wasser gezogen‹!« Zärtlich strich sie ihrem nun schlafenden Pflegesohn über das Gesicht. Da erkannten Jochebed und Mirjam, dass die Prinzessin ihren Mose wirklich gern mochte. Jochebed aber war sehr stolz auf ihre kluge Tochter. Denn nun durfte Mose, solange er gestillt wurde, bei seiner eigenen Familie bleiben. Danach wohnte er im Palast der Prinzessin und wurde wie ihr eigener Sohn großgezogen. Und Mirjam dankte jeden Tag für Gottes wunderbare Hilfe.

David und Goliath

Der Kämpfer im Tal

Jeden Morgen geht die Sonne auf. Jeden Morgen dasselbe Bild: Hier ist die Ebene, das Tal. Auf beiden Seiten des Tals sind Hügel und Berge. Fast wie eine Trennlinie liegt das Tal zwischen den Bergen. Das Tal trennt die eine von der anderen Seite. Auf dieser Seite die Einen, auf jener Seite die Anderen. Viele sind es auf jeder Seite: Männer, Kämpfer, Krieger sind es auf beiden Seiten. Sie haben Waffen, Speere, Spieße und Schwerter. Sie sind gerüstet für den Kampf. Sie wollen den Kampf gewinnen. Beide Seiten wollen gewinnen.

 Beim Einscannen dieses QR-Codes wird Ihnen die Geschichte vorgelesen.

41

Auf der einen Seite lagern die Philister. Auf der anderen Seite hat König Saul seine Kämpfer versammelt. Zwischen ihnen liegt das Tal.

Jeden Morgen geht die Sonne auf. Jeden Morgen geschieht dasselbe. Einer von den Philistern tritt vor. Er stellt sich in der Mitte auf, im Tal. Er stellt sich dort auf, wo alle ihn sehen können. Jeder kann ihn sehen. Er ist der Größte. Er ist der Stärkste. Er ist der Lauteste. Bisher hat er jeden besiegt. Er hat noch niemals verloren! Keiner will gegen ihn kämpfen. Alle, die ihn sehen, fürchten sich. Er ist riesig. Er trägt einen Schuppenpanzer aus Bronze. Er trägt Schienen an den Beinen. Zwischen den Schultern trägt er ein Sichelschwert. Wenn er den Mund aufmacht, dann dröhnt es und das ganze Tal erzittert.

Jeden Morgen geht die Sonne auf. Jeden Morgen steht der Riese Goliath im Tal und ruft:

»Hey, wagt ihr es, mit mir zu kämpfen? Wählt einen aus! Wählt einen, der gegen mich antreten kann. Er soll zu mir herunterkommen. Wir kämpfen, Mann gegen Mann. Wenn ich gewinne, werdet ihr unsere Knechte. Wenn er gewinnt, werden wir eurem König dienen. Na los, kommt schon!«

Jeden Morgen steht Goliath im Tal. Jeden Morgen grölt er. Jeden Morgen erschrickt König Saul, und alle seine Männer fürchten sich.

Davids Brüder

Alle Kämpfer, die zum König Saul gehören, fürchten sich. Eliab, Abinadab und Schamma sind auch dabei. Sie sind die ältesten Söhne des Vaters Isai. Mit König Saul sind sie in den Kampf gezogen. Eines Tages schickt Vater Isai seinen jüngsten Sohn, David, zu den Kämpfern. »Schau nach deinen Brüdern. Bring ihnen geröstetes Korn, Brot und Käse. Und schau, ob es ihnen gut geht.«

David zögert nicht lange. Noch vor Sonnenaufgang macht er sich auf den Weg. Am frühen Morgen erreicht er den Platz. Er sieht die Kämpfer auf der einen und auf der anderen Seite. Und er sieht den Riesen in der Mitte. Er hört das Grölen: »Hey, wagt ihr es, mit mir zu kämpfen? Wählt einen aus! Wählt einen, der gegen mich antreten kann. Er soll zu mir herunterkommen. Wir kämpfen, Mann gegen Mann.«

David schaut sich um. »Und? Wer kämpft mit ihm?«

»Mit ihm kämpfen? Niemand wird mit ihm kämpfen.«

David fragt: »Niemand? Warum will niemand kämpfen?«

»Ja, bist du denn blind? Siehst du nicht, wie groß er ist?«

»Bist du denn dumm? Weißt du nicht, wie stark er ist?«

David wundert sich: »Ja, ich sehe, dass er groß und stark ist. Er macht sich lustig über den König und über unsere Leute. Aber jemand muss doch kämpfen!«

»Der König hat sogar reichen Lohn versprochen. Viel Geld will er geben. Seine Tochter hat er dem Kämpfer zur Ehefrau versprochen.«

Dann sieht David seine Brüder.

»Was ist, Schamma, machst du's? Kämpfst du?«

»Bist du verrückt? Ich bin zu schwach, ich kann ihn nicht besiegen.«

»Und du, Abinadab, kämpfst du?«

»Was fällt dir ein. Denkst du, ich bin lebensmüde?«

»Aber du, Eliab, kämpfst du?«

Zornig antwortet der Bruder: »Wozu bist du hergekommen? Willst du sehen, wie wir verlieren? Willst du sehen, wie der Riese uns umbringt? Ist es das, was du willst?«

David lässt nicht locker. »Wie könnt ihr zulassen, dass der Riese uns auslacht? Er macht sich lustig über euch, über den König und über Gott.« Er fragt nun einen Krieger nach dem anderen. »Wirst du kämpfen? Wirst du kämpfen?« Einer nach dem anderen wendet sich ab. Alle fürchten sich. Keiner will kämpfen.

David und Saul

Irgendwann erfährt auch König Saul von David. Bald danach steht David vor dem König.

»König Saul«, spricht David, »du musst keine Angst haben. Niemand soll wegen des Riesen den Mut verlieren. Ich kann hingehen. Ich werde kämpfen.«

Der König ist verwundert. Er sagt: »Du kannst nicht hingehen. Du bist zu klein. Du bist zu jung. Du bist zu unerfahren. Goliath kämpft schon viele Jahre. Er hat immer gewonnen. Er hat alle besiegt. Er ist der Lauteste. Er ist der Größte. Er ist der Stärkste.«

»Ich bin ein Hirte. Ich habe gegen Bären und Löwen gekämpft. Ich bin stark, weil Gott mir beisteht. Gott steht an meiner Seite, deshalb bin ich groß und stark.«

Da willigt der König ein: »So soll es sein. Gott sei mit dir!«

Saul bietet David eine Rüstung an, einen Helm und ein Schwert. Aber all das ist für David zu schwer und zu groß. Er nimmt einen Stock in die Hand und legt fünf glatte Steine in seine Hirtentasche. Mit der Schleuder in der Hand geht er ins Tal.

Der Kampf

Dann stehen sie sich gegenüber. Goliath auf der einen Seite: Ein erfahrener Kämpfer mit Panzer am Körper und Schienen an den Beinen. David auf der anderen Seite: Ein Hirte mit Stock und Schleuder und Steinen in der Tasche.

Goliath ist verwirrt. Goliath ist verärgert. Goliath wird wütend.

Goliath tobt: »Bin ich denn ein Hund, dass du mit einem Stock zu mir kommst?«

»Komm nur näher«, ruft David mutig, »ich werde dich den Vögeln des Himmels und den wilden Tieren zum Fraß geben.«

Goliath lacht. Goliath spottet. Goliath rückt immer näher an David heran.

David ruft: »Du kommst mir mit einem Schwert entgegen. Ich komme in Gottes Namen zu dir. Gott steht mir bei. Gott ist auf meiner Seite. Heute werden es alle sehen.«

Goliath kommt näher, immer näher. Bald ist der Abstand richtig. Die richtige Entfernung für einen guten Wurf. David greift in seine Hirtentasche. Er nimmt einen Stein heraus. Er schleudert den Stein. Er trifft. David trifft Goliath direkt an der Stirn. Der große Kämpfer strauchelt. Der erfahrene Kämpfer kippt. Der starke Kämpfer fällt zu Boden. Besiegt! Goliath ist besiegt. Gott sei Dank!

Jesu Geburt

Die Geschichte kann als »Mitmachgeschichte« vorgelesen werden. Die Kinder wiederholen dazu einzelne Sätze. Sie sind kursiv gedruckt. Man kann die Geschichte aber auch nur vorlesen.

Ein jeder gehe in seine Stadt

Es war vor langer Zeit. Da wollte Kaiser Augustus alle Menschen in seinem großen Land zählen. So schickte er Soldaten aus, in jede Stadt und jedes Dorf. Sie stellten sich auf die Plätze, riefen ihre Befehle und alle mussten gehorchen.

Beim Einscannen dieses QR-Codes wird Ihnen die Geschichte vorgelesen.

»Hört den Befehl des Kaisers Augustus!«
»Jeder gehe in seine Geburtsstadt.«
»Jeder trage sich in Listen ein.«
»Jeder zahle Steuern!«

Die Menschen schauten sich ratlos an und riefen:
»Das kann nicht sein!«
»Wir können hier nicht weg.«
»Jetzt soll ich noch mehr Geld zahlen?«
»Was fällt dem ein?«

Maria und Josef machten sich Sorgen. Denn Maria war schwanger, das Baby würde bald geboren werden. Deshalb war der weite Weg nach Bethlehem besonders schwer für sie. Aber die Soldaten ließen nicht mit sich reden. Jeder musste in seine Stadt gehen, in der er geboren wurde.

Als Maria und Josef in Bethlehem ankamen, fanden sie kein Zimmer zum Übernachten, weil so viele Menschen unterwegs waren! Zum Glück hatte ein Gastwirt Mitleid mit den beiden und bot ihnen seinen Stall an. Der war zwar nicht besonders warm, aber wenigstens war es dort trocken und Stroh gab es auch. Das pikste zwar ein wenig, aber es war besser als nichts. Josef legte das Stroh in die Futterkrippe und hielt Marias Hand. Und dann war es soweit: Maria gebar ihren ersten Sohn und wickelte ihn in Windeln und legte ihn in die Krippe. »Unser Kind soll Jesus heißen«, sagte Maria glücklich.

Und es waren Hirten auf dem Felde

Die Hirten waren, wie jeden Tag, draußen auf dem Feld. Sie hüteten dort die Schafe. Selbst nachts mussten sie auf die

Tiere aufpassen. Das war manchmal ganz schön kalt. Sie saßen dann ganz eng beieinander und wärmten sich gegenseitig. Heute erzählten sie sich davon, was sie unterwegs erlebt hatten:

»Keiner mag uns.«

»Die Leute sagen: Hirten stinken.«

»Kein Wunder, wenn wir mit den Schafen leben!«

»Sie rufen: ›Hirten klauen!‹«

»Also ich habe noch nie geklaut!«

»Das ist so gemein. Ich bin ganz traurig.«

»Warum werden wir so behandelt?«

»Wann wird endlich der Retter kommen?«

Die Hirten warteten seit vielen Jahren auf den Retter, den Gott schicken würde. So sagten es die alten Geschichten des Propheten Jesaja, die sie sich am Lagerfeuer erzählten. »Bald wird ein Kind geboren werden. Es soll die Welt verändern.« Dann werden auch die Hirten Freunde haben. Dann wird es ihnen gut gehen und sie müssen nicht mehr hungern und frieren ...

Der Engel trat zu ihnen

Plötzlich wurde es um die Hirten herum ganz hell. Ein Engel trat auf sie zu. Da bekamen die Hirten große Angst. Sie drängten sich noch enger aneinander. Gleichzeitig hörten sie eine freundliche Stimme:

»Habt keine Angst!«

»Ich bringe euch eine gute Nachricht!«

»Die Menschen können sich freuen.«

»Denn heute wurde euer Retter geboren!«

»Geht und seht selbst.«

»Ein Kind ist in Windeln gewickelt.«
»Es liegt in einer Futterkrippe.«

Und dann ertönte Gesang – himmlisch-fröhlicher Gesang!
Immer mehr Engel waren auf dem Feld und fingen an, laut
zu singen und zu tanzen:
»Ehre sei Gott in der Höhe.
Und Friede auf Erden
bei den Menschen seines Wohlgefallens!«

Immer und immer wieder sangen die Engel dieses Lied, bis
auch die Hirten voller Freude waren. Als das Lied verklun-
gen war, wurde es wieder dunkel. Die Hirten sahen sich
staunend an und fragten:
»Habt ihr auch die Engel gesehen?«
»Ist unser Traum wahr geworden?«
»Hat Gott tatsächlich den Retter geschickt?«
»Kommt, wir gehen nach Bethlehem und sehen nach!«

Und sie fanden das Kind in der Krippe

Schnell brachen die Hirten nach Bethlehem auf. Ihre Hunde
passten solange auf die Schafe auf. In dieser Nacht würde
ihren Schafen nichts passieren, das spürten sie. Bald fanden
sie den Stall, dazu Maria, Josef und das Kind, das in Windeln
gewickelt in der Krippe lag. Überrascht begrüßte Josef die
Besucher und bat sie: »Jesus schläft, bitte seid leise.« Da
flüsterten die Hirten sich zu:
»Er sieht so winzig aus!«
»So schwach und hilflos.«
»Und so arm ist er!«
»Nicht einmal ein eigenes Bett hat er.«

»Und er heißt Jesus.«
»Das bedeutet doch: Gott rettet!«
»Wir haben den Retter gefunden!«

Da spürten die Hirten:
»Das Kind ist wie wir!«
»Der Retter kann unsere Not verstehen.«
»Gott ist so groß und macht sich ganz klein, um uns nah zu sein.«
»Davon lasst uns allen Menschen erzählen!«

Da kehrten die Hirten wieder um und lobten Gott für alles, was sie gesehen und gehört hatten. Maria aber behielt alle diese Worte in ihrem Herzen. Und Jesus wuchs heran und hörte die Geschichten von Noah, Mose und viele mehr. Er lernte zu beten und Gott zu loben, bis Jesus selbst erwachsen war und von Gott zu erzählen begann.

Tipp: Wisst ihr, dass es einen Kuchen gibt, der mit Weihnachten und dem Christkind zu tun hat? Der Christstollen ist länglich und ganz mit weißem Puderzucker bestreut. Das soll an das Jesuskind erinnern, das in Windeln gewickelt ist. Wenn wir in der Weihnachtszeit von diesem Christstollen essen, kann er uns daran erinnern, dass Gott Mensch geworden ist – auch für uns. Darüber dürfen wir uns freuen und uns den Christstollen gut schmecken lassen.

 Das Rezept finden Sie unter:
www.KinderKirchenBuch.de

Jesus heilt

Bartimäus hat Sehnsucht

Bartimäus ist ein Mensch, dem es wirklich schlecht geht. Das Leben ist mühsam für ihn. Er ist arm, so arm, dass er sich keine eigene Wohnung leisten kann. Er muss im Freien übernachten, hinter den Büschen am Straßenrand. Eine Arbeit hat er nicht, keiner will ihn anstellen, denn Bartimäus ist blind. Er sieht nicht, was um ihn herum passiert oder wie die Welt aussieht. Er kann nur am Wegrand sitzen, meist vor dem Stadttor nach Jericho. Bartimäus ist einsam, seine Kraft hat ihn verlassen. Er ist hungrig und müde. Er hat kein Geld für neue Kleidung. Deshalb trägt er dreckige, braune

Beim Einscannen dieses QR-Codes wird Ihnen die Geschichte vorgelesen.

51

Lumpen. Eine zerrissene Decke ist sein Mantel. Bartimäus muss betteln. Er ist verzweifelt. Das Leben macht ihm keine Freude. Alles ist schwarz und trostlos.

Aus Mitleid werfen die Leute etwas Geld in seine Schale. Sie wollen ihr Gewissen beruhigen. Bartimäus kann sich davon Brot kaufen, um seinen knurrenden Magen etwas zu beruhigen. Aber den Hunger nach einem glücklichen Leben kann er damit nicht stillen. Was würde er geben, um ein normales Leben führen zu können! Er möchte den Himmel sehen, die Bäume und Pflanzen, die Tiere, die anderen Menschen, vor allem die Kinder ... Er möchte mit ihnen tanzen und lachen.

Hoffnung für Bartimäus

Wieder einmal sitzt Bartimäus am Wegrand vor dem Stadttor. Da hört er, dass viele Menschen an ihm vorbeigehen. Ihre Stimmen klingen anders als sonst. »Was ist los?«, fragt er einen, der ihm gerade eine Münze zugeworfen hat. »Weißt du es nicht? Jesus ist da! Dort hinten kommt er gerade aus dem Tor heraus.«

»Jesus ist da!«, denkt Bartimäus. »Er ist Gottes Sohn! Er wird nicht vorübergehen, er wird mich hören! Er hat doch gesagt, dass alles anders werden wird.« Bartimäus ist ganz aufgeregt und murmelt vor sich hin: »Jesus hat ein großes Herz. Er wird mir gewiss helfen!«

Dann ist Jesus ganz nah. Bartimäus nimmt all seinen Mut zusammen und schreit: »Jesus, Jesus! Erbarme dich, hilf mir!« Die Leute sehen ihn ärgerlich an. »Pssst, bist du wohl ruhig? Du darfst Jesus jetzt nicht stören!« Aber Bartimäus schreit nur umso lauter: »Jesus, du Sohn Davids! Erbarme dich! Hilf mir!«

Da berührt ihn jemand an der Schulter. »Freu dich, Bartimäus! Komm schnell! Jesus ruft dich zu sich.« Das lässt er sich nicht zweimal sagen. Sofort springt er auf und reißt sich den schmutzigen Mantel vom Leib. Die Leute lassen ihn vorbeigehen. Ohne Hilfe schafft er es zu Jesus.

Ich möchte sehen können

Bartimäus steht mit zitternden Knien da. Außer Atem. Da hört er Jesu Stimme, eine warme, liebevolle Stimme. Jesus fragt ihn: »Was kann ich für dich tun?« Bartimäus schluckt. Darauf hatte er so lange gewartet: Dass jemand ihn anspricht, dass jemand ihm zuhört, dass jemand ihn fragt. »Ich möchte sehen. Ja, Herr, ich möchte sehen können. Das ist mein größter Wunsch.« Und Jesus antwortet ihm: »Weil du mir so vertraust, ist dir geholfen. Du kannst sehen! Geh hin, dein Glaube hat dir geholfen.«

Bartimäus öffnet die Augen. Alles ist anders als vorher! Strahlendes Licht ist um ihn herum. Da sind Leute, sie freuen sich mit ihm. Der Himmel ist blau. Bartimäus sieht die Vögel und die Bäume und Kinder, die spielen! Bartimäus lacht. Die Dunkelheit hat ihn verlassen! Er ist wie neu geboren, sein Leben fängt neu an. »Bei dir bleibe ich«, sagt er zu Jesus. »Du hast mir die Augen geöffnet. Mein Leben hat wieder einen Sinn. Ich folge dir nach, wohin du auch gehst.«

Das verlorene Schaf – eine »Rückengeschichte« (Lukas 15,1-7)

Tipp: Die folgende Geschichte kann einfach vorgelesen werden. Sie kann aber auch »eindrücklich auf dem Rücken erzählt« werden. Dabei ist der Rücken die Gestaltungsfläche, auf dem Objekte und Tätigkeiten dargestellt werden. Kinder kennen das oft als »Pizza backen« aus dem Kindergarten.

*Am besten ist es, wenn man sich die Geschichte als Vorlesende*r erst einmal in Ruhe durchliest. Dann überlegt man sich passende Bewegungen zur Erzählung, z.B. zu den **fett und grün** gedruckten Teilen. Beim Vorlesen wird dann der Rücken des Kindes »bearbeitet«, dabei können auch spontan ganz andere Bewegungen entstehen als man vorher geplant hat. Hauptsache, es ist für das Kind angenehm. Beispiele finden sich unten nach der Geschichte. Probieren Sie gerne aus, ob es noch andere Geschichten gibt, die Sie so erzählen könnten ...*

Beim Einscannen dieses QR-Codes wird Ihnen die Geschichte vorgelesen.

Einmal wurde Jesus gefragt: »Darf eigentlich jeder ins Reich Gottes?« »Wie meint ihr das?«, wollte Jesus wissen. »Nun«, sagten die Leute, »es gibt Menschen, die haben das nicht verdient. Sie halten sich nicht an die Regeln! Sie kümmern sich nicht um andere Menschen. Sie kümmern sich nicht um Gott. Warum sollte sich Gott um sie kümmern?«

Da sagte Jesus: »Ich will euch eine Geschichte erzählen ...«

... Ein Hirte hatte viele Schafe.
Genau genommen waren es **eins, zwei, drei, vier, fünf,** ...
(dann einen Moment warten, bevor Sie weitersprechen)
... 96, 97, 98, 99, 100 Schafe.

Jeden Tag **trieb der Hirte seine Schafe hinaus.** Und die **Schafe liefen,** um sich ihr Futter zu suchen. Doch immer war der **Hirte in ihrer Nähe.** Denn seine Schafe waren ihm **lieb und kostbar.**

Trotzdem gab es auch immer wieder Schafe, die **ihre eigenen Wege gingen.** Während die Herde an einer Stelle graste, probierten sie lieber aus, wie das Gras an einer anderen Stelle schmeckte.

Während die Herde beim frischen Wasser trank, **kletterten sie** lieber neugierig durch die Felsen.
Doch immer war der **Hirte in ihrer Nähe,** auch wenn es nicht leicht war, auf so viele Schafe zu achten.

Und eines Tages geschah es dann. Wie jeden Tag **trieb der Hirte seine Schafe** hinaus.
Und die **Schafe liefen,** um sich ihr Futter zu suchen.

Doch **ein Schaf** war an diesem Tag besonders neugierig. Es **lief hierhin und dahin** und achtete gar nicht mehr darauf, wo die anderen waren.
Und so **entfernte es sich** weiter und weiter von der Herde

und von dem **Hirten, der immer in der Nähe seiner Herde** war. Es sprang von Fels zu Fels bis auf einen **Berg** hinauf.

Am Abend **trieb der Hirte seine Schafe** nach Hause. Zu Hause zählte er seine Schafe, wie jeden Abend.

Eins, zwei, drei, vier, fünf, ... *(Pause machen)* ... 96, 97, 98, 99. 99? Nur 99? Vielleicht hatte er sich verzählt?

Und so begann er noch einmal: *(jetzt schneller sprechen)* **Eins, zwei, drei, vier, fünf,** ... *(Pause machen)* ... 96, 97, 98, 99! Nein, es blieben 99. Ein Schaf fehlte!

Der Hirte schaute sich um. Aber wo war das 100. Schaf? Es war nicht mitgekommen. Was nun**?** Sollte er das eine Schaf im Stich lassen**?** Aber jedes seiner Schafe war ihm **lieb und kostbar!** Sollte er nach dem einen suchen und die 99 allein lassen**?**

»Die 99 haben sich, sie sind zusammen. Aber das eine ist ganz allein. Darum werde ich es suchen.«

Und so **ging der Hirte los.** Er **lief** überall dort entlang, wo er mit seiner Herde gewesen war. Er schaute hinter jeden Busch und in jede Felsspalte. Auf einem **Berg** fand er endlich sein Schaf. Es war ganz allein und blökte ängstlich: »Mähhh.« Der Hirte **beruhigte** es. Und dann **brachte er es sicher heim.**

Dort zählte er seine Schafe noch einmal zur Sicherheit: **Eins, zwei, drei, vier, fünf,** ... *(Pause machen)* ... 96, 97, 98, 99. *(betont)* 100!

Da wurde er so froh, dass er alle **Nachbarn herbeirief.** **»Freut euch mit mir«,** sagte er, »mein Schaf war verloren, aber ich habe es **wiedergefunden!«**

So beendete Jesus seine Geschichte. Und wieder hatten die Menschen viel zum Nachdenken.

Bewegungsideen für die Rückengeschichte:

Bei allen Fragen:	*Ein großes Fragezeichen auf den Rücken malen.*
Hirte in der Nähe:	*Zwei Finger in die Rückenmitte »stellen«, Schafe drumherum andeuten.*
Eins, zwei, drei, ...:	*Bei der Aufzählung der »Schafe« über den Rücken verteilt einzelne Punkte mit einem Finger setzen.*
Schafe hinaustreiben:	*Mit der Hand eine scheuchende Bewegung machen, von unten links nach rechts oben.*
Schafe laufen:	*Finger wuseln quer über den Rücken.*
Lieb und kostbar:	*Sanft über den Rücken streichen.*
Schafe entfernen sich:	*Eine Hand bleibt links, die Finger der anderen Hand laufen nach rechts.*
Berg:	*Ort auf der rechten Schulter.*
Schafe hineintreiben:	*Mit der Hand eine scheuchende Bewegung machen, von rechts oben nach links unten.*
99 sind zusammen:	*Großen Kreis auf den Rücken malen.*
Ein Schaf ist allein:	*Einen einzelnen Punkt rechts oben auf die Schulter setzen.*
Hirte läuft und sucht:	*Zwei Finger laufen überall dorthin, wo die Herde war.*
Hirte beruhigt es:	*Mit der rechten Hand ein paarmal über die rechte Schulter streichen.*
Hirte bringt es heim:	*Zwei Finger der rechten Hand laufen und schieben die wuselnden Finger der linken Hand nach links unten.*
Nachbarn herbeirufen:	*Von verschiedenen Stellen des Rückens herbeiwinkende Bewegungen machen.*
Freut euch mit mir:	*3x »Feuerwerk« = Die Finger beider Hände jeweils an einem Punkt des Rückens aufsetzen und dann mit einer schnellen Bewegung spreizen.*
Wiedergefunden:	*Mehrfach zart über den Rücken streichen.*

Passion und Ostern

Jesus reitet nach Jerusalem

Jedes Jahr wird das große Fest gefeiert. Die Menschen ziehen zum Passahfest nach Jerusalem. Von den Dörfern kommen sie und aus den Städten. Manche sind lange unterwegs. Männer machen sich auf den Weg und Frauen, Alte und Junge, Kleine und Große. Alle sind dabei.

Im Tempel bringen sie Gott ihre Gaben. Sie loben und danken Gott. Später essen und trinken sie. Dann sind alle beieinander. Geschichten werden erzählt – Geschichten von

Beim Einscannen dieses QR-Codes wird Ihnen die Geschichte vorgelesen.

harter Arbeit und großer Not. Es sind Jubelgeschichten. Sie erzählen: Gott ist da. Gott befreit. Gott geht mit.

Petrus und die anderen Jünger gehen gemeinsam mit Jesus zum Passahfest nach Jerusalem. Nahe vor der Stadt, am Ölberg, binden sie eine Eselin los. Sie legen Kleider auf ihren Rücken und Jesus setzt sich darauf. Wie ein König reitet er. Vom Ölberg kommt er nach Jerusalem, ein König auf einer Eselin. Die Menschen jubeln. Sie legen Kleider und Zweige von den Bäumen auf den Weg.

Petrus denkt: »Jetzt sehen es alle. Jetzt hören es alle. Alle werden es begreifen: Jesus ist der König. Er ist da. Er geht mit. Er befreit.«

Das Abendmahl

Am Abend sind sie alle zusammen. Petrus und Johannes haben alles vorbereitet. In einem Haus nahe beim Ölberg sind für alle Polster und Kissen ausgelegt. Der Tisch ist gedeckt. Das Lamm ist geschlachtet und das Fleisch gebraten. Schüsseln mit Essig und bitteren Kräutern stehen auf dem Tisch. Im Krug ist Wein. Auf den Tellern liegt Brot. Das alles gehört zum Passahfest. So ist es immer.

Aber in diesem Jahr wird das Fest anders. An diesem Tag ist nichts wie immer.

Jesus nimmt das Brot, er teilt es und sagt: »Nehmt das Brot. Esst es. Mein Leib wird für euch gegeben.« Dann nimmt Jesus den Krug mit dem Wein. Er sagt: »Trinkt den Wein. Er ist rot wie Blut. Mein Blut wird für euch vergossen.«

Petrus wundert sich: »Warum sagt er das? Was bedeutet das?«

Sie essen das Brot und trinken den Wein. Keiner jubelt. Es ist still geworden.

»Hört zu«, fordert Jesus die Jünger auf. »Hört zu, damit ihr versteht. Die Soldaten werden mich gefangen nehmen. Sie werden mich vor Gericht stellen und verurteilen. Sie werden mich töten. Und ihr? Ihr werdet Angst haben. Ihr werdet weglaufen. Ihr werdet sagen: Wir kennen Jesus nicht.«

Petrus empört sich: »Warum sagst du das? Du bist unser Freund, unser Meister, unser König. Niemals würde ich weglaufen. Ich bleibe da. Ich halte zu dir.« Jesus antwortet: »Noch bevor der Hahn kräht, wirst du sagen: Ich kenne Jesus nicht.« Petrus ist enttäuscht und denkt: ›Warum sagt er das?‹

Jesus betet allein

Dann ist es spät am Abend. Draußen ist es dunkel. Jesus geht hinaus zum Ölberg. Petrus, Jakobus und Johannes gehen mit. Der Ölberg ist ein stiller Ort. Jesus will mit Gott sprechen. Er will beten. Zu Petrus und den anderen sagt er: »Bleibt hier. Bleibt wach. Betet, denn was kommen wird, ist bitter.«

Petrus versteht nicht. Er fragt sich: »Warum sagt er das? Was bedeutet das?«

Die Jünger warten. Es ist dunkel. Es ist still. Dann schlafen sie.

Irgendwann kommt Jesus zurück. Er weckt Petrus. »Du schläfst? In dieser Nacht schläfst du? Kannst du nicht einmal wach bleiben? Bleib wach und bete, die Not wird groß sein.«

Plötzlich sind da viele Soldaten. Mit Schwertern und Knüppeln kommen sie. Sie greifen Jesus und er lässt es geschehen. Petrus ist fassungslos: »Warum wehrt er sich nicht? Warum tut er nichts?« Die Soldaten nehmen Jesus fest. Sie binden ihm die Hände. Sie führen ihn ab. Die Stiefel dröhnen, die Schwerter klirren. Dann sind sie weg und es ist still. Petrus ist verzweifelt. »Was bedeutet das alles? Wohin bringen sie ihn?«

Petrus verleugnet Jesus

Petrus läuft zum Hof des Hohepriesters. Dorthin haben sie Jesus gebracht. Viele Leute sind im Hof. Eine junge Frau kommt auf ihn zu. Sie ist die Magd des Hohepriesters. »Ich kenne dich«, sagt sie, »du warst doch auch mit diesem Jesus unterwegs. Gehörst du nicht zum ihm?« Petrus ist verwirrt. »Was? Meinst du mich? Wie kommst du darauf?«, fragt er. »Nein, ich kenne Jesus nicht.« Etwas später kommt eine andere Frau. Sie zeigt mit dem Finger auf Petrus und ruft laut: »Der hier, der war auch dabei. Er war bei Jesus. Ich weiß es genau. Ich habe es selbst gesehen.« »Aber nein, das ist ein Irrtum. Ich schwöre es euch, ich kenne Jesus nicht«, beteuert Petrus. Am Feuer stehen viele beieinander. Sie mustern Petrus. Einer sagt: »Du sprichst genau wie die Leute aus Galiläa. Ja, man hört an deiner Sprache, woher du kommst. Kein Zweifel, du gehörst auch zu diesem Jesus.« »Was redet ihr? Ihr irrt euch. Wie oft soll ich es noch sagen? Ich kenne Jesus nicht.« In diesem Moment kräht der Hahn. Augenblicklich fällt Petrus ein, was Jesus gesagt hat. Da erschrickt er. ›Ich habe es nicht nur einmal gesagt. Sogar dreimal habe ich behauptet, dass ich ihn nicht kenne.‹ Bitter ist das und bitterlich weint Petrus. Dies ist ein dunkler Tag für ihn.

Jesus wird gekreuzigt und stirbt

›Nur fort von hier, nichts wie weg‹, denkt Petrus und läuft davon. Im Haus hält er sich versteckt. Niemand soll ihn sehen. Sein Herz ist schwer. »Warum das alles?«, fragt er immer wieder. »Was bedeutet das?« Der folgende Tag ist finsterer als die finsterste Nacht. Die Freunde kommen ins Versteck. Jakobus und Johannes sind auch dabei. Ihre Gesichter sind bleich. Sie flüstern mehr als sie sprechen. Jeder Satz schneidet ins Herz wie ein scharfes Messer.

»Sie haben ihn geschlagen.«
»Verbrecher waren auch dabei.«
»Er musste das schwere Kreuz tragen.«
»Die Soldaten haben gewürfelt.«
»Auf dem Berg Golgatha haben sie ihn gekreuzigt.«
»Manche haben gespuckt.«
»Es war so furchtbar.«
»Gott, mein Geist in deine Hände, hat er gesagt.«
»Dann war alles dunkel.«
»Die Sonne verdunkelt, mitten am Tag.«
»Nun ist er tot.«
»Aus und vorbei.«

Dann sagen sie nichts mehr. Es ist still. Die Zeit steht still. Totenstille schwarze Nacht. Finstere Einsamkeit.

Jesus ist auferstanden

Am dritten Tag öffnet sich langsam die Tür. Ein Sonnenstrahl dringt in die Dunkelheit. Er breitet sich aus. Erst nur ein wenig, dann immer mehr. Es wird taghell. Maria ist gekommen. Die andere Maria ist auch dabei. Sie rufen:
»Wir haben Jesus nicht gefunden. Das Grab ist leer!«

Petrus ist verwirrt. »Was bedeutet das?«

»Jesus ist nicht dort, wo sie ihn hingelegt haben. Er ist nicht im Felsengrab. Er ist fort.«

Petrus ist entsetzt. »Warum sagt ihr das?«

»Weil es wahr ist. Wir waren dort. Wir haben es mit eigenen Augen gesehen. Das Grab ist leer.«

Petrus ist irritiert. »Was bedeutet das?«

»Verstehst du es nicht? Gott ist stärker als der Tod. Er hat Jesus auferweckt. Jesus lebt.«

Petrus ahnt: »Jesus hat es gewusst. Jesus wusste von Anfang an, wie alles kommt. Darum hat er all das gesagt.« Zögernd fragt er: »Er ist auferstanden?«

»Aber ja«, rufen die Frauen und jubeln, »er ist wahrhaftig auferstanden.«

Dann umarmen sie sich. Tränen fließen, Freudentränen.

»Er ist wahrhaftig auferstanden.« Einer nach dem anderen spricht es aus. »Er ist wahrhaftig auferstanden. Gelobt sei Gott.«

Sie freuen sich. Sie lachen. Osterlachen. Gott sei Dank. Das ist ein Leben. Nun wissen es alle: Gott ist da. Gott befreit. Gott geht mit.

Jedes Jahr wird ein großes Fest gefeiert. Ostern sind alle beieinander. Sie essen und trinken. Geschichten werden erzählt. Es sind Geschichten von Brot und Wein, von Tod und Kreuz und finsterer Nacht. Es sind Jubelgeschichten. Sie erzählen: Gott ist stärker als der Tod. Jesus ist auferstanden. Jesus lebt. Das Leben siegt – damals und immer wieder.

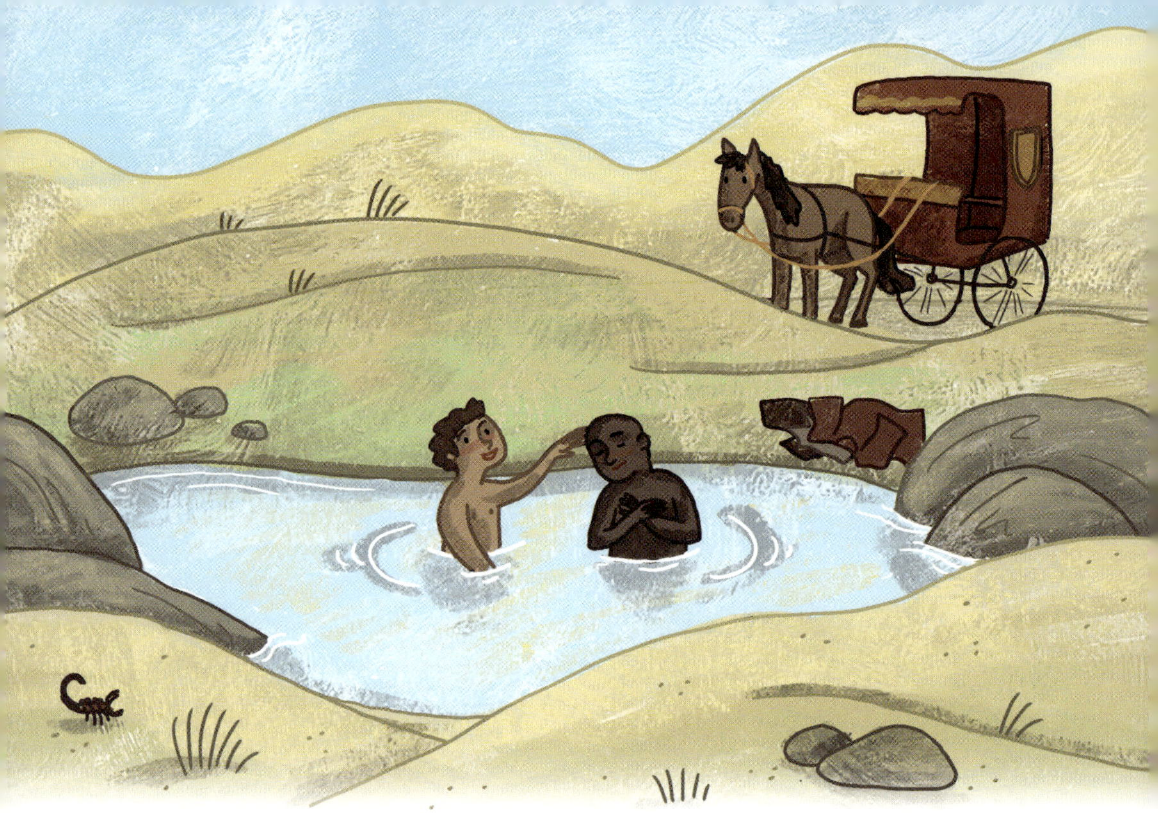

Taufe eines weit Gereisten

Allein und ratlos

Auf einer staubigen Straße aus lauter Sand, Steinen und ohne Bäume fährt eine Kutsche. Eine vornehme Kutsche ist es. Sie ist geschmückt mit dem Staatswappen eines afrikanischen Königreichs. Die Sonne brennt, aber das Dach der Kutsche gibt dem Mann in dem Wagen Schatten. Er ist vornehm gekleidet, denn er ist ein mächtiger Mann. Er ist der Finanzminister der äthiopischen Königin.

Der Mann liest aufmerksam in einer Schriftrolle. Er macht dabei kein glückliches Gesicht. Da ihn sonst niemand begleitet, spricht er mit seinem Pferd Khemet: »Jetzt habe ich so eine weite Reise gemacht, Khemet! Von Afrika bis nach

Jerusalem hast du mich begleitet! Ich wollte mehr von Gott erfahren, von dem ich zu Hause in Äthiopien gehört habe. Doch jetzt bin ich enttäuscht. Man hat mir ja gleich angesehen, dass ich ein Ausländer bin. ›Zutritt verboten‹, hieß es für mich im Tempel. Ich wurde freundlich, aber entschieden abgewiesen. Wenigstens konnte ich mir eine Schriftrolle kaufen. An Geld fehlt es mir ja zum Glück nicht! Aber ich verstehe kein Wort! Was ist bloß gemeint? Ich kenne diese Sprache ganz gut und verstehe doch kein Wort!« Er schüttelt den Kopf und Khemet schnaubt leise, als würde er den Worten zustimmen. »Ich fahre nach Hause zurück und bin genauso schlau wie vorher.« Traurig seufzt er und liest noch einmal laut aus der Schriftrolle vor: »›Er ist wie ein Lamm, das man zur Schlachtbank führt.‹ Was soll das bloß heißen? Wen meint der Prophet Jesaja nur?«

Begleitet und getröstet

Plötzlich wiehert Khemet. Der Minister hebt den Kopf. Da sieht er einen Mann neben seiner Kutsche hergehen. Dieser grüßt ihn freundlich und fragt: »Verstehst du auch, was du da liest?« Der Finanzminister schüttelt überrascht den Kopf. »Kein Wort«, seufzt er. »Kannst du mir vielleicht etwas erklären?« Der Fremde nickt. Er klettert zu dem Afrikaner in die Kutsche. »Ich bin Philippus. Ich glaube an Gott, der unser Vater ist«, sagt er. »Ich kann dir schon sagen, wer mit dem Lamm gemeint ist.« »Oh, bitte erkläre es mir!«

»Der Prophet spricht von Jesus, dem Sohn Gottes. Jesus hat sich um diejenigen Menschen gekümmert, von denen andere nichts wissen wollten. Die ausgestoßen und abgewiesen wurden. Jesus sagte ihnen: ›Gott liebt euch, gerade euch!‹ Jesus machte auch Kranke gesund und gab den Hungernden zu essen.« Nachdenklich hört der Minister zu und bittet Philippus: »Erzähle weiter. Dieser Jesus, den du Gottes Sohn nennst, interessiert mich.« Dabei denkt er: ›Ich wurde auch abgewiesen, weil ich fremd und anders bin. Ob dieser Jesus auch mich froh machen würde?‹

»Als Jesus am Kreuz starb«, fährt Philippus fort, »war für uns alles aus. Wir, das sind viele Freundinnen und Freunde von Jesus, musst du wissen. Wir waren so traurig und enttäuscht. Aber bald darauf erschien uns Jesus und sagte: ›Ich bin lebendig bei Gott! Ihr sollt wissen, dass ich bei euch bin. Alles, was ich gesagt und getan habe, ist nicht zu Ende und nicht verloren. Das sollt ihr weitersagen!‹« Der Minister schaut Philippus staunend an.

»Wir staunten so wie du«, sagt Philippus, »aber dann geschah etwas noch Großartigeres! Wir spürten auf einmal Gottes guten Geist, der uns in Schwung brachte! Viele Menschen kamen zu uns, auch Ausländer aus allen möglichen Ländern. Sie hörten uns zu und sagten: »Was Jesus gesagt und getan hat, das ist auch für uns wichtig! Das soll auch für uns gelten. Auch wir wollen darauf vertrauen, dass Gott uns liebt und dass er überall bei uns ist. Ganz egal, wo wir sind.«

Der Minister ist nun ganz aufgeregt: »Das ist ja genau das, was ich in Jerusalem gesucht habe! Ich möchte auch zu diesem Gott gehören.« Jetzt ahnt Philippus, warum ihn Gott auf diesen Weg geschickt hatte und sagt: »Dann haben wir diese Menschen getauft.«

Getauft und fröhlich

»Was bedeutet taufen?«, fragt der Afrikaner. »Das geht so«, sagt Philippus, »wir gehen mit dem Menschen, der getauft werden will, zum Wasser, lassen ihn kurz untertauchen und sagen dabei: ›Ich taufe dich im Namen des Vaters und des Sohnes und des Heiligen Geistes.‹ Taufen bedeutet: So wie du im Wasser untergegangen bist, so soll das weggeschwemmt sein, was dich von Gott trennt. Du sollst auftauchen als ein neuer Mensch, der zu Gott gehört. Dann wird der Getaufte gesegnet.« »Gesegnet?« »Ja, wir legen ihm die Hände auf den Kopf und sagen zum Beispiel: ›Gott bleibe bei dir, immer und überall! Jesus, der das Licht der Welt ist, mache dein Leben hell und froh. Gottes Geistkraft gebe dir Kraft und Mut. Amen.‹«

Der Minister ist begeistert. »Kann ich auch getauft werden? Schau, da ist eine Wasserstelle!« Philippus spürt, dass der Mann es von ganzem Herzen möchte: »Wenn du von ganzem Herzen glaubst, gibt es kein Hindernis.« »Ich glaube, dass Jesus Christus Gottes Sohn ist«, antwortet der Minister. »Ich möchte getauft werden!«

Da halten sie die Kutsche an und steigen aus. Die Männer gehen beide ins Wasser. Dort tauft Philippus den Minister aus Afrika, so wie er es ihm vorher beschrieben hatte. »Ich bin getauft! Was für ein großes Geschenk!«, ruft der Afrikaner begeistert, schließt die Augen und lässt sich mit einem lauten Platschen rückwärts ins Wasser fallen. Er ist so fröhlich wie ein Kind. Als er die Augen wieder öffnet, möchte er Philippus danken, doch der ist schon weg! Er sieht ihn nicht mehr. Verwundert und glücklich kehrt der afrikanische Minister zu seiner Kutsche zurück. Khemet begrüßt ihn mit einem fröhlichen Schnauben. Nun darf auch Khemet zur Wasserstelle und trinken. Dann fährt der Minister fröhlich weiter. »Jetzt weiß ich, dass ich, wie alle getauften Menschen, zu Gottes großer Familie gehöre! Lauf, Khemet, lauf! Das will ich zu Hause allen erzählen. Wie bin ich froh, dass ich getauft bin!«

Lina und die Verwandlung

Zu Besuch bei Opa Willi

»Dürfen wir mit in den Wald gehen?« Lina drückt ihrem Opa zur Begrüßung stürmisch einen Kuss auf die Wange. »Oh, ja!«, rufen auch schon ihr Cousin Tim und ihre Cousine Sarah. »Wir haben extra unsere Matschhosen angezogen, schau!« Opa Willi lächelt. Wenn seine Enkelkinder kommen, verfliegt alle Stille und Langeweile im Nu! »Ja, ja, langsam, … ist schon gut – ihr wirbelt ja herum wie die Herbstblätter da draußen! Dann wollen wir gleich los, solange es noch hell ist. Und nachher trinken wir Kakao.«

»Und Mama hat uns den Apfelkuchen hier mitgegeben. Den hat Oma auch immer gebacken, weißt du noch? Hier, riech mal!« Sarah hebt den Korb in ihrer Hand höher und zieht das Küchenhandtuch etwas zur Seite, so dass ein Duft nach frischem Apfelkuchen den Flur erfüllt. »Hm, darauf freue ich mich! – Aber jetzt ziehe ich mich erstmal an …«

Opa Willi ist beim Anziehen etwas langsam, denn er ist schon 79 Jahre alt, aber er geht jeden Tag seine Runde spazieren, immer den gleichen Weg: Direkt hinter dem Haus biegt er auf einen kleinen, grasbewachsenen Weg in den Wald ein, um dann wenig später wieder am Friedhof herauszukommen. Hier besucht er seine Frau, Oma Anna, die vor zwei Jahren gestorben ist. Er bleibt ein wenig am Grab, redet mit ihr in Gedanken und geht dann auf dem Rückweg durchs Dorf an der Straße entlang, zurück nach Hause, wo nur seine Katze schnurrend auf ihn wartet. Doch heute werden ihn seine drei Enkelkinder begleiten: Lina, Tim und Sarah, die schon ungeduldig auf dem Gehweg vor dem Haus auf und ab hüpfen.

Herbstspaziergang

Als Opa Willi aus der Haustür tritt, zieht er die Mütze tiefer ins Gesicht. »Brrr, ist das kalt und neblig heute!« »Ja, das reinste Schmuddel-Herbst-Wetter, oder?«, ruft Lina. Warm eingepackt biegen die vier gemeinsam in den Grasweg ein. »Ich mag den Herbst nicht!«, sagt Sarah. »Da ist alles so grau und tot. Nicht mal ein Vogel ist mehr zu hören.« Tim bricht einen Zweig von einer kleinen Eiche ab, die am Wegesrand wächst. »Die Äste sehen so aus, als könnte da nie wieder etwas dran wachsen!« »Ja, es ist schon erstaunlich, dass da wieder Leben entsteht. Ich wundere mich auch jeden Frühling aufs Neue darüber!« Jetzt haben sie den Wald erreicht. Unter den Füßen raschelt und knackt es, denn überall liegen Blätter und abgebrochene Zweige herum. »Der Herbststurm hat hier ganz schön geweht, oder?«

Lina hat etwas entdeckt ...

Da bückt sich Lina plötzlich nach irgendeinem Ding auf dem Boden. Tim und Sarah stoßen dabei mit Lina zusammen, sodass alle drei übereinander purzeln und in den weichen Blättern landen. »Aua!« »Kannst Du nicht besser aufpassen?« »Entschuldigung, ich hab da was entdeckt ...!«, murmelt Lina und schüttelt sich das Laub von der Hose. »Hier, schaut mal!« In ihrer Hand liegt eine kleine Eichel. »Die ist ja schön glatt«, sagt Tim. »Und hier sind noch viel mehr davon!«, ruft Sarah. »Ja, Kinder, die Eicheln stammen von diesem Baum da. Es ist eine Eiche, und das hier sind die Samen. Wenn ihr die Eicheln in die Erde steckt, dann wird aus ihnen ein großer Baum, genau wie diese Eiche hier!« »Aus so einer kleinen Eichel wird so eine große Eiche?«, fragt Lina ungläubig. »Ja, aber dazu musst du sie erst in die Erde legen.« »Aber dann geht diese schöne, glatte Eichel doch kaputt!«

Bäume können doch nicht denken!

Opa Willi streicht Lina über den Kopf. »Ja, schon, aber wenn sie nicht in der Erde liegt und stirbt, kann auch kein Baum aus ihr werden!« Lina denkt nach, während die vier weiter durch den Wald laufen. »Ob die Eichel weiß, dass aus ihr ein wunderschöner Baum wird?« »Du spinnst ja!«, sagt Tim, »Bäume können doch nicht denken!« Aber Sarah antwortet: »Vielleicht würde es ihr ja leichter fallen, sich in die kalte Erde zu legen, wenn sie wüsste, was aus ihr wird ...« »So ein Quatsch!«, ruft Tim und rennt lachend los. »He, warte mal, gleich sind wir am Friedhof und da müsst ihr ein bisschen leise sein!«, ruft Opa ihm hinterher. Schließlich erreichen die vier den Friedhof. »Wollt ihr heute mal mit zu Oma Annas Grab gehen?« Alle nicken.

Auf dem Friedhof

Am Grab von Oma Anna werden sie ganz still. »Opa Willi?«, fragt Lina leise, »Ist Oma Anna auch in der kalten Erde?« Opa Willi denkt nach. »Was meint denn ihr?« »Ja, klar«, sagt Tim. »Ich war bei der Beerdigung dabei. Wir haben gesungen und gebetet und dann haben Männer den Sarg an Seilen hinabgelassen. Ich habe auch Erde drauf geworfen, wie die anderen auch, und später wurde das Grab zugeschaufelt. Also ist Oma da in der Erde.« Tim zeigt auf die Erde, die auf dem Grab zu sehen ist. Sarah schluckt und denkt nach. Da sagt Opa Willi: »Nein, ich glaube nicht, dass sie in der Erde ist.« »Aber warum nicht?«, fragen Tim und Lina fast gleichzeitig. »Denkt doch mal an die Eichel«, sagt Opa. Über Sarahs Gesicht breitet sich ein Strahlen aus. »Du meinst, Oma musste sterben und ihr Körper muss in der kalten Erde liegen, damit etwas Neues aus ihr werden kann?« »Ja, genau, Sarah. Ich glaube nämlich, dass sie ihren alten Körper nicht mehr braucht. Denn Gott hat ihr einen neuen, gesunden Körper geschenkt, der ganz anders und herrlicher ist, als wir es uns vorstellen können. Und ich glaube, dass sie nun bei Gott ist und dass es ihr gut geht.«

Wir werden alle verwandelt

»Woher weißt du das, Opa?«, fragt Tim, »Die Eichel weiß es ja wohl nicht, dass aus ihr ein Baum wird. Warum weißt du es dann?« »Ich glaube es, Tim, weil ich es in der Bibel

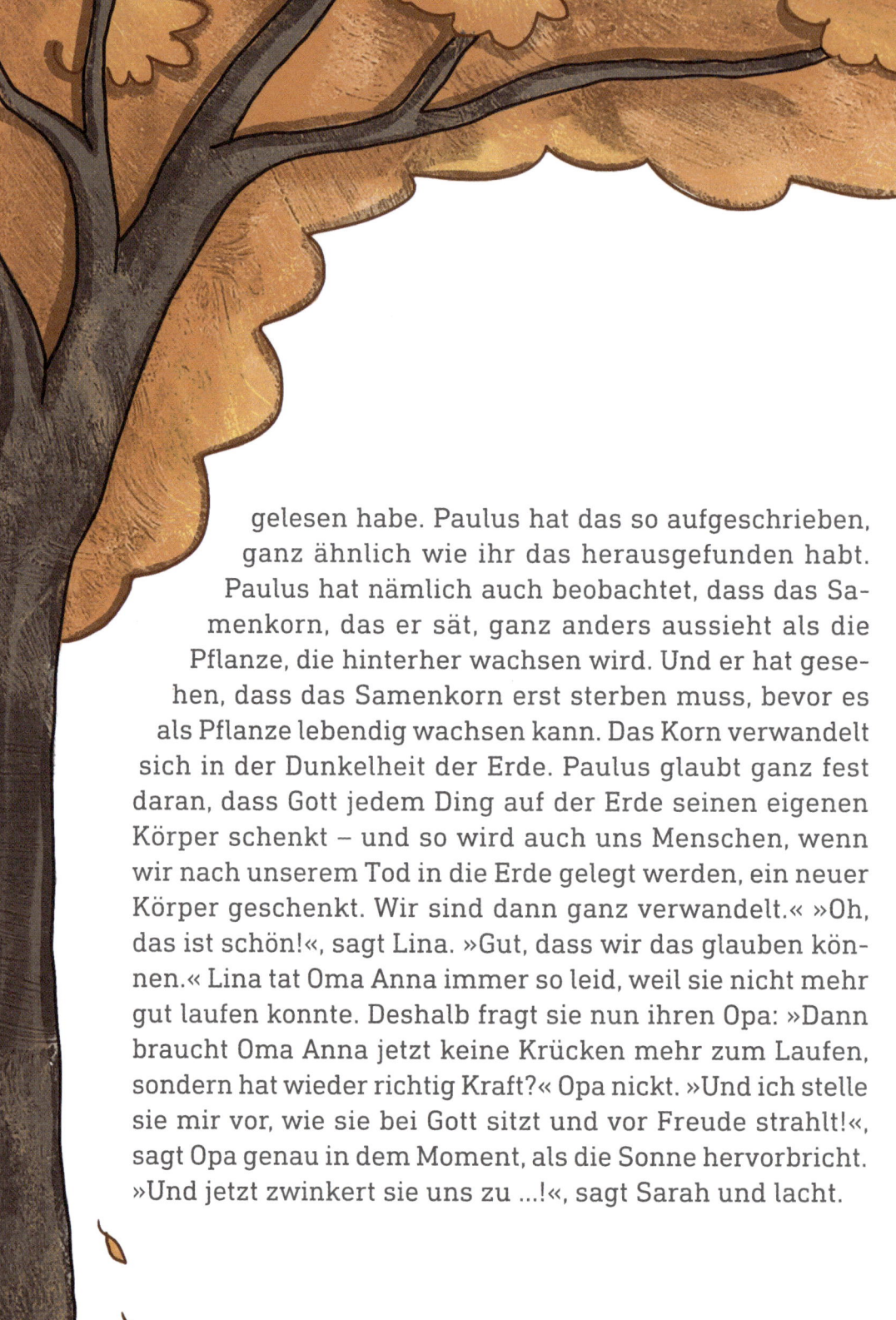

gelesen habe. Paulus hat das so aufgeschrieben, ganz ähnlich wie ihr das herausgefunden habt. Paulus hat nämlich auch beobachtet, dass das Samenkorn, das er sät, ganz anders aussieht als die Pflanze, die hinterher wachsen wird. Und er hat gesehen, dass das Samenkorn erst sterben muss, bevor es als Pflanze lebendig wachsen kann. Das Korn verwandelt sich in der Dunkelheit der Erde. Paulus glaubt ganz fest daran, dass Gott jedem Ding auf der Erde seinen eigenen Körper schenkt – und so wird auch uns Menschen, wenn wir nach unserem Tod in die Erde gelegt werden, ein neuer Körper geschenkt. Wir sind dann ganz verwandelt.« »Oh, das ist schön!«, sagt Lina. »Gut, dass wir das glauben können.« Lina tat Oma Anna immer so leid, weil sie nicht mehr gut laufen konnte. Deshalb fragt sie nun ihren Opa: »Dann braucht Oma Anna jetzt keine Krücken mehr zum Laufen, sondern hat wieder richtig Kraft?« Opa nickt. »Und ich stelle sie mir vor, wie sie bei Gott sitzt und vor Freude strahlt!«, sagt Opa genau in dem Moment, als die Sonne hervorbricht. »Und jetzt zwinkert sie uns zu ...!«, sagt Sarah und lacht.

»So, und jetzt gehen wir nach Hause und wärmen uns am Ofen mit einem Kakao und einem Stück von Omas Lieblingsapfelkuchen.« Und so laufen Lina, Tim, Sarah und Opa Willi den Weg durchs Dorf an der Straße entlang zurück zum Haus, wo Opas Katze bereits schnurrend wartet. Aber heute ist er nicht allein.

Religiöse Rituale im Alltag mit Kindern

Gesegnete Mahlzeit und guten Appetit!

Jesus kehrte oft bei Menschen ein und aß mit ihnen. Gemeinsame Mahlzeiten stärken bis heute die Gemeinschaft. Man deckt zusammen den Tisch und fängt gemeinsam an zu essen. Wenn immer dasselbe Tischgebet gesprochen wird, können es die Kinder schnell mitsprechen. Es vermittelt Geborgenheit und Sicherheit, wenn der Tag strukturiert wird und sie auch in fremder Umgebung »ihr« Gebet wiedererkennen. Es gibt klassische, gereimte Tischgebete oder auch ganz freie Gebete. Probieren Sie einfach aus, was zu Ihnen passt! Und vielleicht müssen auch Sie einmal lachen, wenn Ihr Kind zum Spinat sagt: »Mama, wir müssen nochmal beten! Er ist immer noch nicht lecker ...!«

Alle guten Gaben

Alle guten Gaben,
alles, was wir haben,
kommt, o Gott, von dir!
Wir danken dir dafür.
Amen.

Gesegnete Mahlzeit

Alle reichen sich die Hände und sprechen im Rhythmus:

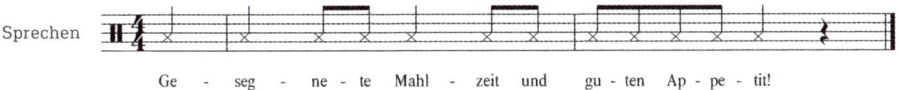

Für dich und für mich

*Zum folgenden Text kann rhythmisch »We will rock you«
geklatscht werden (kurz-kurz-lang, beginnend auf »dich«):*

Gute Nacht, mein Schatz

Um Kinder auf die Bettzeit einzustimmen, hilft es, möglichst immer dieselben Rituale durchzuführen. Das Zubettgehen beginnt mit dem Zähneputzen, sich umziehen und ins Bett legen. Es kann auch vorgelesen und gesungen werden oder man spricht gemeinsam über den Tag, was zum Beispiel besonders schön war. Das Gutenachtgebet mit dem Gutenachtkuss ist dann der Abschluss. Dabei kann dasselbe Gebet komplett gemeinsam oder aber – im Laufe der Jahre – auch spielerisch wort- oder satzweise im Wechsel gesprochen werden.

Von guten Mächten

Von guten Mächten wunderbar geborgen
erwarten wir getrost, was kommen mag.
Gott ist bei uns am Abend und am Morgen,
und ganz gewiss an jedem neuen Tag. Amen.

(Dietrich Bonhoeffer)

Abends, wenn ich schlafen geh

Abends, wenn ich schlafen geh,
bin ich müde von dem Tag,
denk an vieles noch zurück,
bin gespannt, was kommen mag ...

Gott, ich danke dir dafür:
spielen, lachen, tolle Zeit!
Auch wenn Trauriges passiert,
weiß ich doch: du bist nicht weit ...

Freu mich auf den nächsten Tag,
wünsch mir schnell noch einen Kuss,
kuschle mich ins warme Bett,
dann ist aber wirklich Schluss.
Amen.

Lieber Gott, ich bin noch klein

Lieber Gott, ich bin noch klein,
kann so vieles nicht allein,

drum lass Menschen sein auf Erden,
die mir helfen groß zu werden,

die mich nähren, die mich kleiden,
die mich führen, die mich leiten,

die mich trösten, wenn ich weine.
Lieber Gott, und dieses Eine:

Wenn ich es mal schlimm getrieben,
mach, dass sie mich trotzdem lieben!
Amen.

(Renate Schupp)

Lieber Gott, ich danke dir

Lieber Gott, ich danke dir
für den nun vergangnen Tag.
Du bleibst wachend hier bei mir,
was auch immer kommen mag.
Amen.

Gesegnet aus der Haustür gehen ...

Abschiede gibt es täglich viele. Morgens, wenn die Kinder in die Kita gebracht werden, wenn sie nachmittags Freunde besuchen oder auch später, wenn sie in die Schule gehen. Ein Segen kann sie begleiten. Ich drücke damit den Wunsch aus, dass Gott mein Kind begleiten und behüten möge.

Wuschelsegen

Ich streiche oder wuschele meinem Kind liebevoll durch die Haare. Dazu sage (oder denke) ich z.B.: »Gott segne dich, Sarah.« Ein Abschiedskuss (auf die Stirn) schließt das Ritual ab.

Verabschiedung mit Handschlagritual

Gott stärke dich.	*Sich gegenseitig die Hand reichen und drücken.*
Gott halte dich.	*Sich fest am Unterarm fassen; das Kind lehnt sich zurück, so dass es gehalten wird. Sich wieder aufrichten.*
Gott sei bei dir mit seinem Geist.	*Die Daumen berühren sich, die Finger bilden Flügel einer Taube; jetzt die Hände flattern lassen.*
Amen.	*Dann lösen sich die Hände und winken einander zu.*

Ferienbeginn / Reisesegen

Die Ferien beginnen und viele Menschen fahren in den Urlaub oder brechen zu Tagesausflügen auf. Lange Zeit ist es schon Brauch, vor dem Beginn einer Reise einen sogenannten »Reisesegen« zu sprechen. Das kann man auch gut mit Kindern gemeinsam machen. Bevor die Wohnung verlassen wird, versammeln sich alle. Eine*r betet:

Bevor es losgeht:
Gott, segne unsre Reise!
Denn wir wollen leise
diese Tür gleich schließen,
noch die Blumen gießen ...
Wir freu'n uns auf den Start!
Beschütze unsre Fahrt!
Amen.

Nach der Rückkehr:
Hurra, wir sind zu Hause!
Hab dank für diese Pause.
Mit neuer Kraft voran,
der Alltag kommen kann!
Amen.

Advent

Im Advent haben viele Menschen einen Adventskranz zu Hause. Jeden Sonntag wird eine weitere Kerze entzündet. So wird es immer heller – bis schließlich an Heiligabend das Weihnachtszimmer hell erstrahlt, weil Jesus, das »Licht der Welt«, geboren wurde. Ähnlich wie ein Adventskalender kann nun mit Kindern täglich ein kleines Ritual rund um den Adventskranz stattfinden. Dazu braucht man:

- den Adventskranz und Streichhölzer,
- ein möglichst dunkles Tuch als Unterlage
- und eine Handvoll Sternchen (Streugut oder selbst gebastelt).

So geht's:

1. Wenn es dunkel ist, versammeln sich alle um den Adventskranz.
2. Entsprechend dem jeweiligen Adventssonntag werden eine bis vier Kerzen entzündet. Dazu singt man gemeinsam die jeweiligen Strophen des Liedes »Wir sagen euch an den lieben Advent«.
3. Danach wird eine Geschichte – zum Beispiel aus der Kinderbibel – vorgelesen.
4. Anschließend legt jede*r ein paar Sternchen auf das Tuch und erzählt, worüber man sich an diesem Tag gefreut hat oder was einem in der Geschichte gefallen hat.
5. Gemeinsam wird folgendes Adventslied gesprochen oder gesungen (siehe QR-Codes unten):

Beim Einscannen dieses QR-Codes erklingt das Adventslied.

Die Noten zum Adventslied finden Sie unter diesem QR-Code.

»Gott denkt an uns und hält sein Wort.
Er lässt uns Hoffnung sehen.
Sein Licht führt uns zum richt'gen Ort,
kommt, lasst uns fröhlich gehen!«

6. Die Kerzen werden wieder ausgepustet.

Tipp: Die Sterne können auch als Weg der Heiligen Drei Könige hin zur Krippe gelegt werden. Sie folgen dem Stern, bis sie an der Krippe ankommen.

Wir sagen euch an (EG 17)

1. Wir sagen euch an den lieben Advent.
Sehet, die erste Kerze brennt!
Wir sagen euch an eine heilige Zeit.
Machet dem Herrn den Weg bereit.

Kehrvers: Freut euch, ihr Christen, freuet euch sehr!
Schon ist nahe der Herr.

2. Wir sagen euch an den lieben Advent.
Sehet, die zweite Kerze brennt!
So nehmet euch eins um das andere an,
wie auch der Herr an uns getan.

3. Wir sagen euch an den lieben Advent.
Sehet, die dritte Kerze brennt!
Nun tragt eurer Güte hellen Schein
weit in die dunkle Welt hinein.

4. Wir sagen euch an den lieben Advent.
Sehet, die vierte Kerze brennt!
Gott selber wird kommen, er zögert nicht,
auf, auf, ihr Herzen, und werdet licht!

Ostern

An Ostern erinnern wir uns daran, dass Jesus von den Toten auferstanden ist. Wir glauben und hoffen, dass auch wir einmal auferstehen und bei Gott sein werden. Deshalb ist Ostern das höchste christliche Fest. Die Woche davor heißt »Karwoche«. Sie hat ihren Namen von Karfreitag, dem Tag der Kreuzigung Jesu. Dabei bedeutet das Wort »Kar« (althochdeutsch) »Trauer, Sorge«. Diese besondere Woche lässt sich mit Kindern eindrucksvoll gestalten. Nachdem die Ostererzählung vorgelesen wurde, wird eine »Osterkrippe« gestaltet. Die Krippe kennen die Kinder von Weihnachten – das Jesusbaby lag darin. Nun liegt in der »Osterkrippe« der gestorbene, erwachsene Jesus. Am Ostersonntag wird der Stein von der Krippe gerollt: Jesus ist nicht mehr im Grab, ein Engel verkündet die frohe Botschaft: Jesus ist auferstanden!

So geht's:
Vor dem Spaziergang werden folgende Materialen eingekauft bzw. bereitgelegt:
- ein alter Blumentopf, als Grabhöhle hingelegt (ca. 15 cm Ø)
- etwas Schnur
- eine Schere
- Kressesamen
- ein Blumentopf (ca. 30 cm Ø) mit Erde oder ausreichend Platz in einem Beet
- ein Engel (z.B. aus der Weihnachtskrippe, ein Erzgebirgsengel, auf Papier gemalt ...)
- eine Kerze (im Windlicht) und Streichhölzer

Auf dem gemeinsamen Spaziergang werden nun Naturmaterialien gesammelt:
- zwei Äste, um ein Kreuz zu binden
- ein großer flacher Stein, der den liegenden Blumentopf (= das Grab) verschließen kann
- Moos und schöne Steine zum Schmücken und gestalten der Landschaft um das Grab herum

Zu Hause

Nun wird die Osterkrippe gemeinsam gestaltet. Zuletzt werden die Kressesamen in die Erde gesät.

Am Ostermorgen

Die Erwachsenen verstecken die Ostereier und legen einen Engel in das Grab. Am Ostermorgen versammeln sich alle zuerst um die Osterkrippe. Die Osterkerze wird entzündet. Das Kind rollt den Stein zur Seite und findet den Engel, nimmt ihn heraus und hält ihn hoch. Nun wird der Ostergruß dreimal im Wechsel gesprochen:

Eine*r sagt: »Jesus ist auferstanden!«
Alle antworten: »Er ist wahrhaftig auferstanden!«

Danach beginnt die Ostereiersuche und ein gemeinsames Osterfrühstück.

Tipp: Wenn die Kresse zu Beginn der Karwoche gesät wird, kann sie zum Osterfrühstück gegessen werden.

Hallo-Gott-Runde

Die »Hallo-Gott-Runde« wird immer mit demselben Ablauf gefeiert. Kinder lernen die Worte schnell auswendig. Wer teilnimmt, versammelt sich um eine gestaltete Mitte: auf dem Fußboden oder einem Tisch liegt ein Tischtuch oder eine Serviette als Unterlage. Darauf werden eine unangezündete Kerze und Streichhölzer bereitgelegt. Daneben liegen ein Kreuz (z.B. aus Stöcken), das »Mein KinderKirchenBuch« oder eine Kinderbibel und – wer hat – Blumen.

Tipp: Ein gefülltes Wasserglas und ein Löffelchen werden zur Glocke; man kann auch eine Klangschale nehmen oder auf die örtlichen Kirchenglocken hören.

Wer mag, sucht ein zur Geschichte passendes Lied heraus und legt Kreativmaterial (z.B. Papier, Stifte, Kleber) bereit. Es bietet sich an, nach der Geschichte mit den Kindern das »Theologisieren« (S. 7ff.) im Gespräch auszuprobieren. Auch eine Zeit der Stille kann gehalten werden, um über die Geschichte nachzudenken. Je nach Zeit und Experimentierfreudigkeit kann die Hallo-Gott-Runde kürzer oder länger sein – viel Freude beim gemeinsamen Feiern!

Beim Einscannen dieses QR-Codes hören Sie eine komplette Hallo-Gott-Runde – ohne Geschichte.

Hinweis: *Kursiv gedruckte Texte geben Regieanweisungen.*

Beginn – *Alle sprechen:*
Heute woll'n wir beisammen sein
beim Kerzenschein.
Zündet die Kerze an,
lauscht auf der Glocken Klang!
Wir hören auf Gottes Wort
an diesem Ort.

Kerze – *Jemand entzündet die Kerze.*

Glockenton – *Ein Kind schlägt an das Wasserglas/ die Klang-schale.*

Lied: »Wir alle sind jetzt hier« – *(gesungen oder gesprochen – oder das Lied »Komm, ich zeig dir was von Gott« anhören)*
Wir alle sind jetzt hier im Kreis zusammen.
Wir loben Gott: Halleluja!
Wir feiern jetzt mit euch in Gottes Namen.
Hallo du, Gott! Erzähl uns von dir!

Biblische Geschichte – *Aus »Mein KinderKirchenBuch« oder einer Kinderbibel vorlesen.*

[Theologisieren mit Kindern – *Im Anschluss an die Geschichte wird gemeinsam darüber geredet; hilfreiche Gesprächsregeln finden sich ab S. 7.]*

[Lied und/oder Kreativaktion – *Passend zur Geschichte kann gesungen und/oder kreativ gestaltet werden.]*

Vaterunser – *Alle stehen dazu auf, Bewegungen können das Gebet begleiten (siehe S. 86).*

Vater unser im Himmel,	*Beide Arme ellbogenhoch erheben, Hände nach oben öffnen.*
geheiligt werde dein Name.	*Arme und Hände langsam nach oben führen.*
Dein Reich komme.	*Die Hände gehen weiter auseinander (im Kreis, wie eine Krone).*
Dein Wille geschehe, wie im Himmel,	*Der rechte Arm zeigt nach oben,*
so auf Erden.	*der linke Arm zeigt nach unten.*
Unser tägliches Brot gib uns heute.	*Die Hände werden vor dem Körper wie eine Schale gehalten.*
Und vergib uns unsere Schuld,	*Die linke Hand geht nach links, die rechte ebenfalls und deckt die eigene linke Hand zu.*
wie auch wir vergeben unsern Schuldigern.	*Der rechte Arm wird ausgestreckt vor die Körpermitte geführt, die rechte Hand zeigt in einer Segensgeste zu anderen Menschen.*
Und führe uns nicht in Versuchung,	*Arme ausstrecken – nach vorne unten waagerecht überkreuzen.*
sondern erlöse uns von dem Bösen.	*Die überkreuzten Arme werden schnell nach oben geführt und dabei plötzlich gelöst. Arme bleiben oben.*
Denn dein ist das Reich	*Die erhobenen Arme bleiben in leichter V-Form oben, die Handflächen zeigen nach außen.*
und die Kraft	*»Starke Arme« werden gezeigt, die Fäuste geballt.*
und die Herrlichkeit in Ewigkeit.	*Die Hände öffnen sich. In einer fließenden, langsamen Bewegung werden die Hände vor der Körpermitte zusammengeführt.*
Amen.	*Die Hände werden gefaltet. Langsame Verbeugung zur Kreismitte/voreinander.*

Wir feiern den Glauben

Lied: »Hallo Gott, wir danken dir«
(gesungen oder gesprochen)
Hallo Gott, wir danken dir.
Singen und beten* konnten wir hier.
Mit deinem Segen wollen wir geh'n,
freu'n uns darauf, uns wiederzuseh'n!

(*Weitere Strophen können erfunden werden: fragen und reden; lachen und loben; klatschen und hüpfen; malen und kleben etc.)

Segen – *Alle sprechen:*
So segne uns Gott,
– der allmächtige und barmherzige, –
Vater, Sohn und Heiliger Geist. Amen.
(Man kann sich beim Wort »Amen« gegenseitig ein Kreuz auf den Handrücken oder die Stirn zeichnen.)

Abschluss – *Alle sprechen:*
An diesem Ort
hörten wir auf Gottes Wort.
Die Kerze blast aus
in unserm Zuhaus.
Wir rufen in Gottes Namen:
AMEN!

Kerze – *Ein Kind pustet die Kerze aus.*

Hinweis: Die Lieder finden sich mit QR-Codes und Noten auf den Seiten 89 und 90.

»Am liebsten bete ich so!« –
Hier ist Platz für dein Lieblingsritual ...

Lieder

Wir alle sind jetzt hier

Text und Melodie: Katrin Rouwen
© bei der Urheberin

Beim Einscannen dieses QR-Codes hören Sie das Lied »Wir alle sind jetzt hier«.

Hallo Gott, wir danken dir

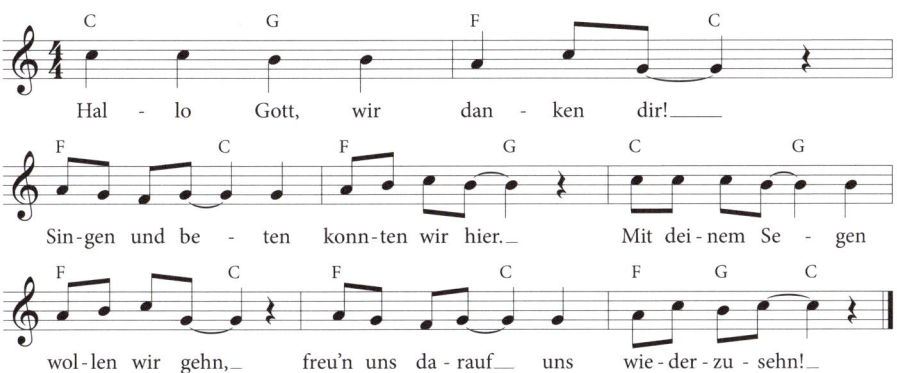

Text und Melodie: Katrin Rouwen
© bei der Urheberin

Als weitere Strophen können statt der Worte »Singen und beten« thematisch passende, weitere Verben gefunden werden, z.B.: fragen und reden; lachen und loben; klatschen und hüpfen etc.

Beim Einscannen dieses QR-Codes hören Sie das Lied »Hallo Gott, wir danken dir«.

Komm, ich zeig dir was von Gott

Refrain: Komm! Komm, ich zeig dir was,_ ich zeig dir was von Gott. Komm! Komm, ich zeig dir was,_ ich zeig dir was von Gott. Komm, ich zeig dir was _ von Gott._ Komm, ich zeig dir was __ von Gott._

1. Darf ich dich mal et-was fra-gen, Gott, wie siehst du aus? Hast du Hän-de, Mund und Oh-ren, bist du wie ein Haus? Klit-ze-klein, rie-sen-groß? O-der wie die Luft? Bist du wie ein Ku-schel-kis-sen o-der Ma-mas Duft?

Schluss Komm!

2. Manchmal denk ich, du bist Feuer,/ wärmst mir Hand und Herz; / bist ein Pflaster, wenn ich falle / und vertreibst den Schmerz! /Bist ein Fels, Sonnen-schein, / pures Lebensglück! / Niemand kann Gott ganz beschreiben,/ wir sehn nur ein Stück! Komm! ...

3. Bilder helfen mir verstehen:/ Gott ist wunderbar!/ Wie ein Puzzle ohne Rän-der, / so ist Gott, na klar! / Klitzeklein, riesengroß! /Manchmal wie die Luft! / Gott ist wie ein Kuschelkissen / und wie Mamas Duft!/ Komm! ...

Text: Katrin Rouwen 2013. Musik: Ursula Starke 2013. © Text: bei der Urheberin.
© Musik: Zentrum Verkündigung der EKHN, Ursula Starke

Beim Einscannen dieses QR-Codes hören Sie das Lied »Komm, ich zeig dir was von Gott«.

»Und das hier ist …« –
Male oder klebe Bilder ein von deinem
Kindergottesdienst, deiner Kirche …

Linkseite

www.evangelisch.de
www.evangelisch.de/taufbegleiter/app
www.kirchemitkindern-digital.de
www.kirche-entdecken.de

Nachweise

Autor*innen: Simone Merkel, Svenja Neumann, Gabriele Noack, Katrin Rouwen (Autorin und Herausgeberin), Cathrin Schley, Jochem Westhof, Christine Wolf, Christiane Zimmermann-Fröb.

Audio: Geschichten und Musik eingelesen bzw. eingespielt von Katrin Rouwen

Lied »Komm, ich zeig dir was von Gott« Text: Katrin Rouwen, 2013
Melodie: Ursula Starke © Zentrum Verkündigung der EKHN
Aufnahme: Holger Biehn, Christian Kissel, Alena Möller, Lutz Pauli, Timm Pauli, Katrin Rouwen, Tonstudio RECORDINGS
christian kissel 2014

Gebet S. 77 »Lieber Gott, ich bin noch klein« © Renate Schupp

Dieses Buch entstand nach einer Idee von Hermann Köhler, Julia Lange, Svenja Neumann, Katrin Rouwen und Ralf Ruckert.

Penguin Random House Verlagsgruppe FSC® N001967

1. Auflage
Copyright © 2022 Gütersloher Verlagshaus, Gütersloh,
in der Penguin Random House Verlagsgruppe GmbH,
Neumarkter Str. 28, 81673 München

Illustrationen: © Marie Braner
Rahmen auf S. 17, 25, 33, 88, 91: © Mimomy – iStockphoto.com
Druck und Bindung: Print Consult, München
ISBN 978-3-579-07448-1
www.gtvh.de